OEUVRES D'ED. RIC...

Voyage à Clisson, brochure in-18, prix...

...à l'abbaye de la Trappe ...Melleraye, brochure in-18...

...nade sur la rivière d'Er... de Nantes à Nort, bro... in-18...

...nade à Orvault, sur les ... du Cens, brochure in-18...

...on et le château de ... brochure in-18...

...pittoresque de l'...

# VOYAGE
# A CLISSON

PAR M. ED. RICHER.

**HUITIÈME ÉDITION**

SUIVIE

DE NOTICES SUR ABEILARD, MM. CACAULT ET LEMOT.

NANTES,
Ve C. MELLINET, IMPRIMEUR DE LA PRÉFECTURE
ET DE L'ÉVÊCHÉ.

1859

## A M. LE COMTE DE BROSSES,

### ANCIEN PRÉFET DE LA LOIRE-INFÉRIEURE.

Monsieur le Comte,

Je n'aurais pas songé à vous offrir un opuscule de ce genre, si je ne savais combien vous vous intéressez à tout ce qui est publié sur un département que vous avez administré longtemps. Puisse cette légère esquisse vous rappeler ce Département que vous aimez, et dans lequel vous avez laissé des souvenirs qui seront toujours des regrets.

ED. RICHER.

# CLISSON.

Sur les bords de l'Erdre, dans les vallées d'Orvault, les landes de Treillières, sous les vastes ombrages de la forêt du Gâvre, nous avons vu la nature tour-à-tour riante ou majestueuse, ornée ou stérile, reprenant partout ses droits sur les travaux des hommes, ou plutôt conservant sa physionomie malgré ces travaux mêmes : il nous reste aujourd'hui à voir un pays qui réunit, dans un court tableau, ce que nous avons admiré ailleurs dans vingt sites épars et dont le caractère principal est dû à la lutte de l'homme contre la nature.

Depuis plusieurs années, la ville de Clisson est devenue célèbre dans quelques-unes des principales villes des départements de l'Ouest. M. Cacault (1), ancien sénateur, y avait rassemblé une galerie de tableaux, de gravures et d'antiques, déposés aujourd'hui à Nantes, et les amis des arts accouraient avec empressement dans un lieu dont la nature avait fait l'Italie de la Bretagne. Un sculpteur d'une grande réputation, M. Lemot (2), ayant acquis la majeure partie de ce site enchanteur, s'est plu à l'embellir par des monuments d'une architecture gracieuse, qui ont conservé à la nature toutes ses beautés et à l'art tous ses prestiges.

La route qui conduit de Nantes à Clisson est elle-même une promenade récréative, par la diversité des objets qu'elle présente, plutôt que par la beauté des aspects, qui en général sont peu frappants.

On sort de Nantes par les ponts, qui, dans l'étendue d'une demi-lieue, ajoutent à la ville les îles nombreuses que la Loire renferme dans son bassin, et forment comme une seconde ville qui s'unit à la première. Cette longue rue, à laquelle aboutissent trois routes principales, est sans cesse encombrée de chevaux et de voitures, et serait désagréable à traver-

---

(1) Voir plus loin la notice sur M. Cacault.
(2) Voyez ci-après la notice sur M. Lemot.

ser, si l'on n'était dédommagé de l'ennui du chemin par des points de vue remarquables.

Vers l'est, s'étendent des alluvions immenses, bordées, sur chaque rive, par les coteaux de Saint-Sébastien et de Saint-Donatien, ornés d'un grand nombre de maisons de campagne, et qui se rejoignent presque du côté de Mauves, à une distance de trois lieues. Ce bassin, qui indique l'ancien lit de la Loire, et qui est encore comblé par elle en hiver, n'offre plus que des prairies, des îles couvertes de saules, autour desquelles circulent de vastes bras d'une eau souvent troublée, que l'éloignement fait paraître d'un bleu pâle.

A l'ouest, la vue s'égare avec plaisir sur les deux collines qui supportent d'un côté Chantenay et la Basse-Indre, et de l'autre le château d'Aux, Bouguenais et Rezé, où quelques érudits placent l'ancienne *Ratiate*, détruite au IX^e^ siècle par les Normands.

Les regards se fixent longtemps sur ce fleuve qui traverse le jardin de la France, dont les rives enchantées ont été désignées par nos poètes et le seront toujours comme un asile de repos ou de bonheur: on considère avec respect ce vaste bassin qui, plus d'une fois, a vu les armées de l'étranger s'arrêter sur ses bords, et qui a divisé le royaume en provinces d'en-deçà et d'au-delà de la Loire. Je ne sais quelle curiosité s'attache à ces eaux qui, unies à celles d'une foule de rivières tributaires, dans un cours de près de deux cents lieues, ont servi à désigner dix-neuf départements. Tantôt, l'imagination, les refoulant vers leur source, remonte avec elles vers ces riches coteaux qui s'élèvent l'un sur l'autre en amphithéâtre et viennent confondre leurs ondulations noirâtres aux vapeurs d'un horizon sans bornes; tantôt elle descend vers la mer au milieu d'un canal immense, parmi des vagues jaunâtres, des îles dépouillées ou seulement garnies de roseaux, jusqu'à l'instant où une large courbe d'azur, succédant à ces arcs trompeurs que produit le mirage, l'avertit de l'endroit où finit le fleuve et commence l'Océan.

A l'extrémité du Pont de Pirmil, on voit encore les ruines de la tour construite en 1365 sur des fortifications plus anciennes, par l'amiral Bouchard, pour défendre Nantes du côté du Poitou (1). On sait que le père Albert de Morlaix

---

(1) Ces ruines ont disparu en 1836.

prétend que cette tour doit son nom à Paul-Emile, général romain. On ne pouvait pas attendre moins de cet étymologiste, qui assure que Rezé a été appelé ainsi, parce que César avait fait *raser* cette partie de l'ancienne cité des Namnètes, pour punir la rébellion de ses habitants qui avaient pris le parti des peuples de la Vénétie.

Après avoir quitté le quartier de Saint-Jacques, on parcourt une route plane et assez monotone. A environ une lieue, on trouve sur la droite une lande dont la surface égale laisse apercevoir, à son extrémité, le clocher de Vertou. Ce petit bourg (1), situé sur la Sèvre, fait souvenir du patron qu'on y révère, Saint-Martin-de-Vertou, l'apôtre de l'ancienne cité d'Herbauges, engloutie comme l'antique Sodôme, et qui a fait place au lac de Grand-Lieu. Ce trait rappelle cette foule de circonstances empruntées à l'Écriture,

---

(1) Vertou prend chaque jour une nouvelle importance, et on y remarque de nombreuses constructions élevées dans ces dernières années. On y construit aussi, en ce moment (1858), une route nouvelle qui conduira à Clisson, et qui doit diminuer la distance entre cette ville et Nantes

à la fable, aux histoires grecques et romaines, et dont nos crédules ancêtres ont chargé leurs annales.

Un peu au delà, sur le côté gauche de la route, une autre lande est coupée par un chemin qui conduit au vieux château de Goulaine, bâti sur le bord d'un marais. Cet édifice, dont la plus grande partie est encore intacte, est renommé, dans le département, par les souvenirs qu'il retrace et par le luxe avec lequel les appartements en étaient ornés. On y observe deux salles avec des plafonds richement chargés de sculptures dorées et peintes en azur, et dont les lambris présentent des restes d'une ancienne tapisserie de cuir, où les couleurs ont conservé l'éclat et la vivacité qu'elles avaient il y a plusieurs siècles.

On y montre aussi une petite chambre dans laquelle ont couché Henri IV et Louis XIV.

Les seigneurs de Goulaine sont cités quelquefois dans l'histoire de Bretagne. Par un privilége spécial, accordé à l'un de leurs ancêtres, sous le règne du duc Conan III, ils portaient pour armes les armes pleines de France et d'Angleterre. Cette terre fut érigée en marquisat sous le règne de Louis XIII.

En rejoignant la route directe de Clisson, vers la Loué, on descend dans un terrain en pente douce, non loin duquel, sur la gauche, est la maison du Montis, que son propriétaire, M. Seheult, a construite avec un talent qui annonce que cet artiste habile a puisé, dans ses voyages en Italie, le goût du simple et du beau, si rarement réunis. Cette maison est accompagnée d'un jardin anglais, décoré de tous les ornements du genre et surtout de fort belles statues de marbre, qui embellissaient autrefois le château et la ville de Richelieu.

A l'endroit où la route de Clisson se sépare de celle de Vallet, on laisse à droite la maison du Halay, remarquable par son architecture. En remontant le coteau, le chemin offre un coup-d'œil qui attache. Ce ne sont point, comme on le voit si souvent ailleurs, ces haies rapprochées, qui renferment, dans leurs rangées égales et parallèles, d'éternels carrés de verdure. Vers l'est, les regards se perdent dans un lointain, où le sol, mollement ondulé, présente des coteaux éclatants de lumière, et qui dominent de vastes marais où rampent encore les vapeurs du matin.

A moitié chemin, on passe près d'un

parc qui porte un nom respecté des amis de l'humanité, celui de M. Bureau-Batardière, qui joua le beau rôle de pacificateur dans la guerre de la Vendée.

Plus loin, on longe les murailles d'un autre parc plus célèbre encore, celui de la Galissonnière. Le Château s'aperçoit à travers les nombreuses brèches de ses murs, principalement sur le chemin qui conduit à Monnières. Cet édifice n'est qu'un monceau de ruines, et les seules parties qui soient encore debout sont entièrement couvertes de lierre.

Cette terre fut habitée longtemps par M. Barin de la Galissonnière, lieutenant-général de nos armées navales, si connu par la victoire qu'il a remportée sur l'amiral Byng; victoire qui assura au maréchal de Richelieu la conquête de Minorque. Les Anglais ne voulant pas qu'un de leurs généraux fût vaincu par un Français, firent fusiller l'infortuné Byng. La Galissonnière n'eut pas le temps de jouir de son triomphe: le roi devait lui confier le bâton de maréchal; mais il mourut avant d'arriver à Fontainebleau.

Cet illustre marin était né à la Rochelle, et non pas, comme on l'a dit, dans le château dont il portait le nom.

Il se plaisait, au retour de ses longs

voyages, à transporter et à acclimater chez lui des végétaux étrangers, dont il reste encore un certain nombre dans le parc.

Le petit bourg du Pallet, qu'on traverse à un quart de lieue plus loin, n'est pas moins renommé dans l'histoire, pour avoir été la patrie d'Abeilard. C'est là que naquit cet homme fameux, dont l'amour a fait la gloire; mais dont il a empoisonné la vie.

Derrière l'église du Pallet est une enceinte formée de vieilles murailles à demi rasées, et dont les débris ont produit une montagne factice : ce sont les restes et l'emplacement du château de Bérenger, père d'Abeilard, dont on a fait aujourd'hui un cimetière. Ainsi le séjour du génie est devenu la demeure de la mort : image frappante qui nous avertit de l'instabilité de nos travaux, de la vanité même des souvenirs qui s'effacent, du pouvoir du temps qui emporte avec lui nos plaisirs d'un jour, nos chagrins que nous croyons éternels, et qui, tôt ou tard, jette le voile de l'oubli sur tout ce qui a été célèbre dans le monde. On regrette qu'un monument, ou tout au moins une inscription, ne rappelle pas ici au voyageur la mémoire de l'époux d'Héloïse.

Au-dessous du Pallet, on franchit le ruisseau de la *Sanguèse*, auquel ses bords escarpés, ses débordements subits ont valu le nom fastueux de torrent. La route qui passe au travers était interrompue chaque hiver par des inondations fréquentes, dans lesquelles les hommes, les voitures, les bestiaux étaient entraînés pêle-mêle. M. Cacault obtint du Gouvernement la construction du pont qui existe aujourd'hui. Le département, reconnaissant, fit ériger sur ce pont, justement appelé *Pont-Cacault*, un obélisque avec une inscription qui reproduisait les droits qu'avait à la reconnaissance publique ce citoyen recommandable.

Au-delà, jusqu'à la ville de Clisson, on ne trouve en partie qu'un terrain de vignobles coupé par une route affreuse, et qui est une entrée bien indigne du joli pays que l'on va admirer (1).

On arrive enfin à ce site que l'éloignement fait plus désirer encore. Un peu avant de pénétrer dans la ville, une échappée de vue permet déjà de se faire une légère idée des lieux.

A vos pieds coule la Sèvre, profondé-

---

(1) Depuis plusieurs années déjà, cette route est abandonnée. Une autre, fort belle, tracée non loin de là, conduit aujourd'hui, en ligne plus directe, de Nantes à Clisson.

ment encaissée entre deux coteaux. Vers le midi, une partie de la ville est assise en amphithéâtre, comme si elle assistait à la fête de la nature, pour emprunter les expressions d'un écrivain spirituel. L'œil s'arrête avec un charme qu'accroît la nouveauté, sur cette petite ville, dont les bâtiments peu élevés se marient assez bien aux courbes étroites de cet horizon borné dont les toits en tuiles tranchent si fortement avec la verdure, et dont les sommets unis ne décrivent que des lignes amies de l'œil. Elle est commandée par les murs grisâtres du château, au niveau desquels les arbres qui ont cru dans les ruines, étendent leurs rameaux découpés.

A l'ouest, court un petit affluent qui vient se perdre dans la Sèvre.

Au milieu, se balancent de grands peupliers, et leur cime mobile marque la direction des vents, qui ne troublent point ce vallon tranquille. En face de soi et sur la rive gauche de cet affluent, la Sèvre est bordée d'une colline inculte, entrecoupée par des rochers. Enfin, dans le fond de cette gorge si variée, vous remarquez un petit moulin à eau, dont la maisonnette carrée semble un rocher qui a glissé du sommet du coteau, et dont la chaussée retient captives les eaux de la rivière, qui, après en avoir atteint la hauteur, se précipitent en masse d'écume.

La ville de Clisson est située au confluent de la Sèvre et de la Moine, à 6 lieues au sud-est de Nantes; elle était autrefois sur les limites de l'Anjou, de la Bretagne et du Poitou. Comprise aujourd'hui dans le département de la Loire-Inférieure, elle touche à ceux de Maine-et-Loire et de la Vendée. Elle renfermait, avant la révolution, trois mille habitants. On y comptait cinq églises, *Notre-Dame, la Trinité, Saint-Gilles, Saint-Jacques et la Magdeleine-du-Temple.* La paroisse de Notre-Dame, qui comprenait dans sa circonscription le château et la partie de la ville entourée de murailles, a été rendue au culte, ainsi que l'église de la Trinité. Il y avait deux prieurés, un chapitre de chanoines, deux couvents et un hôpital. Elle possédait une haute justice, qui ressortissait au présidial de Nantes.

La guerre de la Vendée a forcé tous les habitants d'abandonner cette ville, qui a été prise et reprise plusieurs fois, et dont les maisons ont été presque entièrement réduites en cendres. Elle a encore actuellement ses deux Eglises et un hôpital. Sa population se monte à environ douze cent habitants (1). Son principal commerce consiste à présent, comme autrefois, en étoffe de laine, en filasse, en toile, en tannerie et principalement en bestiaux. Les usines, qui ont été établies en grand nombre sur la Sèvre, contribuent aussi à l'aisance des habitants.

Est-on entré dans la ville, mille points de vue charmants se présentent à la fois. On cite surtout aux étrangers la *Garenne*, qu'a si bien ornée son possesseur, et c'est presque là seulement que se bornent les promenades de la plupart des curieux. Mais si l'on veut voir la nature abandonnée à elle même, si l'on veut enfin se faire une idée de Clisson, il faut en visiter les alentours.

Pour mettre de l'ordre dans ces excursions, que l'on commence par les rives de la Moine, le plus capricieux et le plus varié peut-être de tous les ruisseaux tributaires de la Sèvre. On s'y rend par la maison *Valentin*, qui contient une assez belle collection de tableaux, quelques plâtres et une bibliothèque bien choisie, et dont le perron domine la partie la plus voisine de l'embouchure de cette petite rivière. Ce qu'on en découvre est un canal étroit, ombragé en partie de saules, dont

(1) Elle est aujourd'hui de 2,800 âmes (1858).

les branches pendantes flottent sur l'eau paisible. En face, est un jardin en terrasse, et, sur le flanc de la colline, des rochers carrés, assis en gradins à diverses hauteurs s'associent à quelques arbres.

On sort dans le parc. A mi-côte, vous errez sous de grands marronniers, et au bas s'alignent des peupliers formant un rideau, qui cache et fait désirer la vue de la Moine qui traverse ce parc. Des rochers éboulés sont descendus dans le fond du bassin, des joncs végètent dans leurs interstices; quelquefois ces rochers se réunissent en un îlot, qu'ombragent de légers groupes d'arbres.

Vous vous rapprochez de la rivière, et le coteau, qu'on oubliait en la cotoyant, se débarrasse de ses marronniers et se hérisse d'un amas de rochers irréguliers, entassés les uns sur les autres.

Au-dessus de ces ruines naturelles on aperçoit une vieille mâsure, qui fait suite à leur escarpement. Les bénédictines qui habitaient Clisson, et dont l'enclos renfermait cette promenade agreste, avaient nommé cette mâsure *Soucinia*. Ce nom n'a pas besoin de traduction : c'est le même, sauf la terminaison, que celui de *Sucinio*, château des ducs de Bretagne, dans la presqu'île de Rhuis, et que le fameux *Sans-Souci* du roi de Prusse. Ainsi, tous les hommes s'accordent pour demander à la nature le repos exilé de leur cœur, et ce n'est qu'avec elle qu'ils oublient les inquiétudes du trône et les combats de la vie monastique.

La Moine cependant se couvre çà et là de plantes aquatiques. Au milieu des rochers dont elle est parsemée, cette eau dormante est faible pour lutter contre ces végétaux qui envahissent son lit. Tous les bouleversements antiques, dont l'œil reconnaît la trace, ne se font plus sentir aujourd'hui. La nature est aussi calme que la rêverie qu'elle fait naître.

Les coteaux ne s'élargissent pas assez pour qu'on voie au-delà de leurs croupes, de riches vignobles, des champs cultivés, de vastes pâturages; l'image des travaux rustiques ne vous suit point dans ce réduit écarté. C'est l'asile de la solitude, non celle où l'homme va chercher des inspirations, mais celle où il rentre en lui-même pour mieux savourer un instant de bonheur.

On se dit avec un poète charmant qui a su attacher des sentiments si vrais à la description des scènes champêtres :

Ah ! c'est là qu'entouré d'un rempart de verdure,
D'un horizon borné qui suffit à mes yeux,
J'aime à fixer mes pas, et, seul dans la nature,
A n'entendre que l'onde, à ne voir que les cieux.

Vous vous éloignez, et tout-à coup un bruit tumultueux se fait entendre. Au milieu des arbres qui vous entourent, vous distinguez une écume blanchâtre qui fuit en se divisant. Vous faites quelques pas encore, et cette rivière, dont vous accusiez l'indolence, s'est changée en un torrent impétueux. L'art n'a point de part à cette métamorphose soudaine : vous cherchez vainement une cabane qui vous indique le voisinage de quelque digue : c'est une cascade qu'ont formée les rochers accumulés. La Moine s'épanche à la fois dans cette abîme, sort en plusieurs bras couverts d'écume, se réunit sans leur laisser le temps de s'étendre, se partage encore, et, de chute en chute, se répand rapidement au pied des roseaux qui l'outragent, et dont on croirait qu'elle emporte la tige flottante.

Une ombre épaisse ne cesse de vous environner. Des deux côtés, des arbres viennent confusément se réunir au-dessus de cette cascade. Au milieu même des rochers des aunes opposent leurs troncs mobiles à cette onde turbulente. De là, l'œil retourne sur le bord tranquille que l'on vient de quitter. De distance en distance, des peupliers s'élancent comme des obélisques au milieu des saules pleureurs qui tombent en masse à leurs pieds.

La rive droite se convertit en une prairie qui vous délasse agréablement. Sur la rive gauche est une jeune futaie percée de sentiers qui serpentent doucement ; qui, tantôt vous égarent au milieu d'un léger ombrage, tantôt vous ramènent à la rivière dont le fond, toujours droit, est plus ou moins embarrassé de rochers.

En continuant ainsi à une demi-lieue de la ville, on arrive à un endroit où la Moine, resserrée entre deux coteaux perpendiculaires, offre de nouveaux sites au crayon du paysagiste. Elle varie partout dans son cours jusqu'à la forêt de Vezins, dans le département de Maine-et-Loire, d'où elle sort. Mais il reste trop à voir à Clisson pour désirer s'en éloigner.

On y reviendrait même avec regret, si l'espérance, qui nous entraîne sans cesse en avant, ne nous faisait un peu oublier le passé et ne nous promettait des plaisirs plus vifs encore. Avant de visiter la Garenne, que l'on se dirige au-delà sur les bords de la Sèvre.

Cette rivière, à laquelle Clisson doit tant d'agréments, commence dans le département des Deux-Sèvres, au-dessus de Châtillon, dans la commune de Beugnon et vient se jeter dans la Loire, à Nantes, après avoir baigné une foule d'endroits ravissants, dans les communes de Gorges, de Monnières, du Pallet, de Maisdon, de Saint-Fiacre, de la Haie et de Vertou.

En se rendant des rives de la Moine à celles de la Sèvre, la ville de Clisson reparaît sous un nouvel aspect : elle forme un demi cercle; le château, qu'on ne peut perdre de vue dans quelque lieu qu'on soit, occupe l'extrémité de cet arc. A côté de lui est un temple, construit à la place de l'ancienne chapelle de de Saint-Gilles, où doivent être déposées les cendres du sénateur Cacault et celles de son frère, qui, le premier, avait fait connaître Clisson; de l'autre côté, la ville se montre tout entière avec ses clochers à l'italienne. La maison Valentin paraît au nord avec ses belveders, ses fenêtres en cintre, ses terrasses, ses arcades qui jettent tant de jour dans l'architecture et qui rappellent les constructions riantes de ces climats aimés du soleil, où l'homme, loin de s'enfermer dans des prisons obscures, se plaît à donner de toutes parts un libre passage à la lumière.

On descend à la rivière : on laisse sur la droite la fabrique de *la Feuillée*, et à gauche, vers le sommet du coteau, la chapelle de Toute-Joie. Un canal, dont la largeur contraste avec le lit rétréci de la Moine, se déploie à vos regards. Les aunes qui en bordent les sinuosités, ne cessent de vous offrir leur feuillage pyramidal, tandis que le chemin vous force de suivre ses courbes légères.

A côté, quelques rochers détruisent l'uniformité de la pente du coteau. La rivière coule sans rien trouver qui la gêne ; son mouvement est insensible : c'est un canal que ne sillonne aucune ondulation, d'une rive à l'autre. Des feuilles de nénuphar, que l'on voit de temps en temps, feraient croire qu'on parcourt les bords d'un étang.

Bientôt, au milieu d'un massif de verdure, se découvre une maisonnette. Ici, rien n'est placé inutilement : c'est une ancienne usine, dont la chaussée, destinée à intercepter les eaux de la Sèvre, les laisse échapper en cascade au-dessous d'elle.

Les coteaux, cependant, se couvrent de plus en plus de rochers qui attendent, dans leur immobilité, l'instant qui doit les détacher du sol. Le lit de la rivière en est déjà encombré : des arbres, qui attestent cette puissance vivifiante, qui tire partout la fécondité de la destruction, se disséminent au milieu de ces masses informes. Des buissons couronnent leur front d'une verdure tendre, qui donne un air de vie à la stérilité.

Les fabriques se suivent d'espace en espace et font succéder, en même-temps, des cascades tumultueuses à des étangs muets. Quand la Sèvre ne fournit pas assez d'eau, son lit, presque à sec au-dessous de ces jetées, ne se remplit que de blocs d'une forme rhomboïdale à travers lesquels croissent souvent des bouquets solitaires de joncs.

Le paysage change d'une manière sensible, suivant la plus ou moins grande quantité d'eau que contient la rivière. Quelquefois les rochers, jetés dans le courant, suffisent seulement pour lui donner une autre direction, sans lui opposer de digues capables de l'irriter; ailleurs, des filets d'eau filtrent sous des cavités inaperçues, et un léger bruit trahit leur passage. Enfin, les deux plus grands contrastes se font apercevoir dans la même saison : un large ruban d'écume tombe de la chaussée, que la vue trompée prendrait pour une barre de rescifs, et se rompt avec violence au milieu des rocs dont les sommets aigus s'élèvent comme des points noirs au dessus des vagues blanchissantes. A quelques pas plus loin, la rivière ne rencontre plus qu'une île de granit, autour de laquelle elle afflue en bouillonnant; au-delà, c'est un miroir que rien ne trouble; les arbres seuls viennent le garantir du souffle des vents, et leurs branches flexibles se baissent sur sa surface.

Le même lieu présente plusieurs caractères bien distincts: tantôt ce seraient les solitudes de l'Erdre, si les coteaux étaient plus distants, si le vallon était plus contourné, si les flots venaient directement mouiller le bas des collines, sans permettre à l'aune d'ombrager leurs bords et aux prairies de les resserrer; tantôt, ce serait l'aspect de la Moine; mais les chutes ont plus de majesté, le cadre est plus spacieux, et le site moins désert.

Il est impossible de trouver, dans un espace aussi étroit, des tableaux aussi diversifiés. Aux rochers, aux rameaux confondus, aux torrents d'écume, succèdent une prairie tranquille, un canal plus tranquille encore, et une rangée d'arbres, qu'on dirait plantés à dessein.

Ici, des nénuphars, la marque toujours constante du repos, indiquent une eau vaseuse; un banc de sable, qui vient s'offrir tout-à-coup, annonce, au contraire, une onde rapide qui court sur les débris de ses bords.

Si l'on veut revenir sur ce qu'on a vu pour fixer la pensée sur quelques détails, chaque objet sollicite l'attention, et on laisse échapper l'ensemble qui frappe davantage encore.

Les indices du mouvement qui a cessé, à côté du mouvement qui anime tout aujourd'hui ; le fracas des eaux qui assourdit l'oreille, tandis que la vue est éblouie, pour ainsi dire, d'un chaos de rochers ; ceux-ci qui pavent le lit de la Sèvre , ceux-là qui pendent sur votre tête , s'arrondissent naturellement en meules, se creusent en bassins, se délitent en tables, ou, plus bas, apparaissent tout entiers dans la construction d'un mur, ou se renversent sur les bords du torrent auquel ils servent de pont ; ces petits toits écrasés sous la feuillée, et dispersés irrégulièrement, cette perspective toujours changeante et cependant partout fidèle à son caractère sauvage, tout rappelle ces lieux mensongers qu'a produits la baguette des fées, et dont l'imagination des poètes a décrit tant de fois les aspects romantiques.

D'autres sites feront méditer d'une manière plus profonde, mais peu seront susceptibles d'occuper l'esprit aussi agréablement. On se tromperait si l'on croyait ressentir cette admiration puissante qui suspend toutes les facultés. Il faudrait, pour cela, que l'homme fût plus seul, que la nature fût plus vaste; il faudrait, surtout, ces horizons immenses qui nous donnent une idée indéterminée de la puissance créatrice et de la grandeur de l'âme, qui aime à se confondre avec elle.

Ici les pensées naissent en foule comme les objets qui les produisent. A chaque instant on est tiré hors de soi par un nouveau spectacle. Si l'on veut s'oublier, c'est là qu'on trouvera à exercer l'imagination sans la fatiguer, à la reposer sans la refroidir. C'est une récréation continuelle, et bien différente de celles que la société procure. Il n'y a qu'un isolement de ce genre qui puisse vous agiter par mille sensations et vous laisser assez calme pour les juger toutes.

Au milieu de ce pays de prestiges, on continue sa promenade jusqu'à la manufacture de papier *d'Entiers*, à une lieue de la ville. Près d'elle s'étend un joli cordon de peupliers, et l'on y voit encore, avec cette architecture élégante qui caractérise Clisson et ses environs, ce mélange de granit et de briques, qui en distingue toutes les constructions, et qui rappelle ces édifices bâtis par les Romains, du temps de la République.

Du haut des jardins disposés par étages, qui font partie de cet établissement, le coteau offre de nouvelles perspectives, et, sans doute, en remontant du côté de Tiffauges, cette Sèvre si pittoresque n'oublie ni ses cascades, ni ses rochers ; mais Clisson nous attend, et l'on se hâte d'en examiner de plus près les délicieux aspects.

D'ailleurs, peut-être ce que l'on s'imagine dans le lointain n'approcherait pas de ce qu'on a vu déjà. Le paysage nous sourit à l'horizon sous un arc d'azur ; mais, quand nous avons atteint ces collines embrumées qui fuyaient dans les nuages, combien de fois l'illusion ne s'est-elle pas dissipée? C'est ainsi que les plaisirs que se figure l'espérance, sur la route de la vie que nous n'avons pas encore parcourue, s'évanouissent, quand l'avenir est devenu le présent.

En revenant à la ville, par la rive opposée à celle que l'on vient de parcourir, on retrouve les mêmes scènes. Cependant, après tout ce qu'on a vu, on peut encore s'arrêter à la grotte d'*Ossian*. Quelques instants avant d'y arriver, vous ne foulez plus qu'un terrain entièrement couvert de rochers escarpés; des chênes, des aunes, des ormeaux, des frênes dressent au milieu d'eux leurs troncs obliques, et leurs branches pressées jettent une teinte rembrunie sur tout le paysage.

Des sentiers détournés, creusés dans la roche, et où le pied mal assuré s'embarrasse dans une foule d'obstacles, vous conduisent dans ce labyrinthe sauvage, dans ce bocage irrégulier, où le sol tourmenté semble porter encore l'empreinte des premières révolutions du globe... A peine a-t-on fait quelques pas, que les arbres disparaissent, et la rivière tout entière vient jaillir en écume à vos pieds. On aime à s'approcher de cette chute qui cause à la pensée une sorte d'enivrement. Si c'est en été, si la Sèvre ne fournit qu'à peine l'eau nécessaire aux usines qui la retiennent, les mousses qui revêtent ces pierres abandonnées semblent des algues fixées sur ces bords que la mer vient de quitter et qu'elle submergera bientôt.

Près de là se trouve la grotte à laquelle on a donné le nom d'*Ossian;* la physionomie du lieu prête, en effet, un peu à l'illusion; néanmoins cette fraîche verdure ne reporte pas assez l'imagination à cette Calédonie sévère, que ses bardes ont peinte avec des couleurs si sombres; et cette eau retentissante, dans laquelle plongent les rameaux qui la cachent, rappellerait plutôt, malgré ses bonds, sa fougue et ses fureurs, une anse déserte de l'une des îles enchantées de la Mer du Sud.

Après le premier moment de surprise, après qu'on a observé chacun de ces détails qui prêtent un air d'enchantement à cette scène nouvelle, l'âme, comme un miroir qui réfléchit sur un point un tableau immense, voudrait concentrer sur elle-même tout ce qui l'a frappée jusqu'ici. Mais je ne sais quelle impuissance s'empare de notre esprit. Destinés à jouir, l'analyse de nos plaisirs nous fatigue, et, à l'instant où nous allons nous rendre compte de nos sensations et prendre possession de nous-mêmes, notre regard se fixe sans rien voir, la réflexion nous échappe; et nous sentons naître en nous une rêverie confuse, qui suit cette onde errante et se perd avec elle.

Les rochers qui sont au-dessus de cette

grotte ont un caractère qui leur est propre. Ils se divisent en fragments énormes, et chacune de leurs positions donne lieu à de nouveaux accidents. Leur surface immobile contraste avec les branches souples qui les enlacent, avec cette eau toujours tombante qui tournoie au-dessous d'eux. Quelquefois la végétation déguise leur base et leur sommet, et l'œil erre mystérieusement sur une muraille sans limites. Dans les parties où ils sont encore entiers, des fissures nombreuses, qui se coupent profondément à angles droits, désignent d'avance au géologue les lieux d'où s'écrouleront de nouveaux rochers et où s'ouvriront de nouvelles grottes.

Souvent les échos apportent un bruit qui vous rappelle l'homme et quelques-uns des plus utiles de ses arts, c'est celui des marteaux des papeteries et des moulins à foulon, qui tombent en mesure, tandis que la cascade ne fait ouïr qu'un son désordonné comme ses flots. La lumière qui éclaire ce vallon retiré ne pénètre qu'en jets rares, mais brillants, au milieu de ces masses touffues.

Le chemin qui suit la *grotte d'Ossian* est bordé de petits murs et formé de scories, qui annoncent qu'il a existé une forge dans cet endroit.

De retour au moulin à papier de la *Feuillée*, du haut de la terrasse de cet établissement, on embrasse d'un coup d'œil cette Garenne, qui, elle-même, offre tant de points de vue. De là, ce n'est qu'une colline arrondie, qui disparaît sous la verdure ; de loin en loin on voit percer les monuments qu'elle renferme, et dont la couleur blanche se détache élégamment de la cime des arbres. La rivière, qui coule au bas du coteau, réfléchit sur sa surface ce tableau, dont l'inclinaison n'est pas assez brusque pour la noircir de son ombre. Si un souffle inattendu vient rider le bassin, il brise en tous sens l'image champêtre sur cette glace infidèle.

Au-delà, on s'arrête au pied d'un obélisque de granit, surmonté d'une croix. Ce léger monument, de la hauteur des deux tiers de l'aiguille de Cléopâtre, produit un effet dont on ne peut juger que lorsqu'on en est assez éloigné pour qu'il fasse lui-même partie du paysage. On passe près d'un moulin destiné aussi à servir, comme tout le reste, de point de perspective aux promenades de la Garenne ; et, avant d'approcher du château, les rochers commencent à se montrer de nouveau sur le penchant de la colline. Ils montent en masse au-dessus de votre tête, toujours interrompus par des massifs d'ombrage. Le chemin se dirige au milieu de cette nature bouleversée, sans s'éloigner cependant du bord de la rivière, dont les flots obéissent aux vents qui s'engouffrent dans ces vallées, et on a quelquefois le spectacle étrange d'un torrent, dont une partie semble refoulée vers sa chute.

Vous traversez ces rochers, ces arbres qui enfoncent leurs racines dans les fentes qui les séparent, et vous entrez dans un bois épais. Rien de plus pittoresque que les effets de lumière sous ce bosquet. Ici, le soleil ne peut dissiper totalement l'obscurité du feuillage : sa clarté suffit seulement, suivant l'expression de Milton, pour rendre les *ténèbres visibles*. Là, les branches, agitées par le vent, laissent entre elles une ouverture par où s'échappe un rayon solitaire, qui glisse sur un fond noirâtre : plus loin, moins serrées, mais toujours vacillantes, elles permettent d'apercevoir d'autres rayons qui tombent çà et là sur les gazons tranquilles.

*Le temple de l'Amitié*, consacré aux frères Cacault, domine ce bois ; on aime à contempler de près cette architecture grecque, dont la belle simplicité s'allie si bien à la majesté du paysage. Il est un endroit d'où le monument paraît du bas, exhaussé sur des rochers que des arbres n'accompagnent plus de leurs touffes irrégulières: il est là, seul avec le soleil et les nuages; sa façade blanche se projette sur l'azur du ciel, dont il semble se rapprocher comme une noble pensée qui remonte vers sa source. Derrière ce mausolée est un cimetière, duquel on voit à ses pieds toutes les maisons de la ville. Ainsi ce temple est jeté en avant de ce lieu de deuil; et c'est un monument qui l'annonce dignement. D'un côté c'est l'éternel mouvement: tout est animé, tout provoque ces sensations confuses qui nous entraînent dans la vie sans nous permettre d'en apercevoir le terme; de l'autre au contraire, tout bruit a cessé; rien ne se meut : l'âme frappée d'une grande secousse ne remarque que les hautes herbes qui flottent sur les tombes. Plus de traces du paysage enchanté qu'on parcourait avidement. D'humbles buissons rétrécissent autour de vous l'horizon. La vue, bornée de toutes parts, est forcée de n'embrasser qu'un point, et ce point est la demeure de la mort.

Au dehors, l'œil, rassasié des richesses qu'il a vues se rassembler de toutes parts, se reporte avec une sorte d'attrait sur le branchage sombre et roide des pins qu'on a dispersés ou plutôt multipliés partout. Ce vert un peu triste, fait ressortir les autres nuances du bocage. En hiver, il console de la fuite des beaux jours, dans un lieu où le printemps eût dû se fixer pour jamais, si tout ne devait pas changer sur la terre. Le vent se lève, et le frémissement de ces arbres, auxquels Virgile donne l'épithète *d'harmonieux*, imite les sourdes rumeurs des flots de la mer qui viennent expirer derrière vous ; ces bosquets, qui n'ont point à craindre les tempêtes de l'océan, acquièrent un nouveau prix par le souvenir des plages arides qu'on se figure.

Enfin, on atteint le château, qui, de ce côté, ferait à peine deviner les décombres qu'il renferme : les douves extérieures sont des prairies ; on en fait le tour, et l'on se rend par la porte du sud à demi-démolie, ornée de deux tourelles de briques, et qui sert aujourd'hui de porte de ville. C'est là que commencent les murailles fortifiées qui environnaient le vieil édifice et les maisons qui s'étaient groupées à ses pieds. Ces murailles, qui défendent encore la ville, ont été élevées par Olivier Ier de Clisson, augmentées par le Connétable et réparées par François II, duc de Bretagne. Du point où l'on est on peut étudier la savante combinaison de ces fortifications, qui datent d'une époque antérieure à la découverte de l'artillerie, et qui font encore l'admiration des ingénieurs.

A côté de cette porte, on monte sur le boulevard, garni d'arbres dans sa longueur et qui offre une promenade paisible dans un lieu qui a vu tant de combats. On arrive aux secondes douves, remplies d'acacias, de pins, et on s'introduit par la petite porte de l'esplanade, sur laquelle s'attachent des graminées, des violiers, et où deux pieds de lierre gravissent de chaque côté, pour remplacer par des colonnes naturelles, celles que le temps va achever de détuire.

A l'aspect de ces fleurs, de ces arbrisseaux, implantés dans les pierres déjointes, l'esprit ne songe plus avec amertume à la vanité de nos travaux; mais il s'identifie, en quelque sorte, avec cette nature qui fait sortir la vie du théâtre même de la mort. La nature, en effet, n'est jamais plus belle que là : elle nous fait voir que les ouvrages les plus pompeux des hommes s'anéantissent et que les siens ne meurent jamais.

L'entrée ordinaire est par la grande porte du nord; elle est accompagnée d'une plus petite qui, comme elle, avait son pont-levis. A gauche, des lierres descendent en guirlandes sur ces murs antiques, et cet arbuste, dont les anciens couronnaient les déités champêtres, tapisse aujourd'hui de ses festons toujours verts, ces débris dont la structure massive n'atteste que le génie belliqueux des temps féodaux. Les créneaux mutilés laissent à découvert, au-dessus d'eux, les branches de deux ormeaux. Ces arbres, sous lesquels les poètes aiment à représenter les danses du village, ont envahi la demeure déserte des héros d'autrefois. C'est ainsi que, dans ce lieu, les végétaux qui sont l'emblême du deuil sont dispersés dans les bosquets, et que ceux qui rappellent des scènes plus douces, aident à cacher la nudité des ruines.

On passe dans la première cour, toute garnie d'arbres: on y rencontre partout les vestiges des ravages des hommes, aussi terribles, mais moins éloquents que les injures du temps. Au milieu de ces restes d'une grandeur qui n'est plus, on remarque des bâtisses récentes. Ces toits faits d'hier, adossés à ces pierres encore debout et qui ont vu passer vingt générations, nous font comparer la fragilité de nos constructions à la solidité de celles de nos pères.

Sur la gauche, on descend dans des caveaux humides. C'étaient des cachots qui ne recevaient le jour que par des grilles. Sur leurs voûtes transformées en terrasses on aperçoit

> Ces dômes, ces degrés dans les airs suspendus,
> Conduisant au sommet d'une tour qui n'est plus.
>
> DELILLE.

C'est de là, surtout, que s'observent les effets de perspective qui charment davantage. La campagne se déploie au delà de ces arceaux brisés, de ces combles rasés, et on ne peut rien se figurer de plus pittoresque que ces collines auxquelles des galeries croulantes servent de premier plan.

Mais, si l'on veut pénétrer dans le lieu où se retiraient les anciens possesseurs du château, il faut revenir sur ses pas. On entre dans un bastion qui protége ces deux ormes, dont la vieillesse témoigne si bien de la vétusté de ces ruines. Après avoir franchi dix portes, dont plusieurs sont garanties par des ponts-levis, et des herses ménagées dans des murs de dix pieds d'épaisseur, on parvient à la dernière cour. C'est là que se trouvaient les habitations de ces guerriers qui faisaient une prison de leur séjour, et qui ne se croyaient en sûreté que lorsqu'ils étaient inaccessibles.

Le milieu de la cour était marqué par un puits, témoin des cruautés les plus atroces de nos dernières guerres civiles. Ce puits est comblé aujourd'hui........Un arbre funéraire, planté dans son emplacement, proclame, avec le souvenir salutaire de la tombe qui efface tout, l'oubli pour le meurtrier, la pitié pour la victime.

Ici mille sensations confuses vous assiégent. On considère ces murailles, assises sur le granit pour rivaliser de durée avec lui. Des chambres ont été pratiquées dans leur intérieur : et on dirait la demeure des géants usurpée par des pygmées. Si quelque chose peut donner une idée de ces maçonneries gigantesques, c'est le foyer de la cuisine , divisé en deux cheminées , d'une longueur de dix-huit pieds, sur neuf de profondeur.

Le soleil luit enfin dans ces tours, qui ne recevaient le jour que par d'étroites ouvertures. Le vent siffle dans ces salles infréquentées , où résonnait si souvent le cliquetis des armes. Les plantes sauvages escaladent ces remparts éboulés, où flottaient les bannières orgueilleuses. Ces murs, qui avaient résisté tant de fois aux attaques de l'homme, n'ont pu soutenir les assauts du temps. Vers le milieu du XVII^e siècle la moitié du donjon s'est écroulée, sans qu'on ait su si c'était l'effet d'un tremblement de terre ou d'un vice de construction.

Les fenêtres, partagées par une croix de pierres, la forme des créneaux, des machicoulis, le plan même de l'édifice, tout annonce cette architecture mauresque, née dans des climats plus doux et qui paraît comme étrangère sous notre ciel humide.

Cette forteresse, en effet, fut construite par Olivier I^er de Clisson, quand ce seigneur fut de retour des croisades ; mais la situation de ce rocher, en face du confluent des deux rivières, est trop avantageuse pour penser qu'avant Olivier I^er, on n'y eût pas élevé déjà quelque bâtiment. Ce château remplaça, dit-on, l'ancien castel de sa famille, qui, lui-même, avait été substitué à des fortifications romaines renversées par les Normands.

C'est à ce monument que se rattachent

les souvenirs les plus illustres des annales bretonnes. C'est là que vit le jour cet Olivier de Clisson, cet ennemi irréconciliable des Anglais, ce rival de Montfort, ce frère d'armes de Duguesclin, qu'il a été jugé digne de remplacer.

Ce guerrier célèbre semble évoquer autour de lui tous les souvenirs du XIV$^{e}$ siècle. Ces temps demi-sauvages, qui ont précédé la renaissance des lettres, offrent une espèce d'héroïsme bizarre, un mélange de galanterie et de cruauté, de générosité et de barbarie, à travers lequel le philosophe se plaît à voir la société sous un aspect nouveau.

Tous ces héros du moyen âge ont une physionomie particulière, qu'aucun siècle n'avait montrée avant eux. Tour à tour poètes et guerriers; fidèles à l'amour, mais souvent traîtres envers la patrie; vengeurs de l'innocence opprimée, mais bravant impunément les lois; doués d'une âme héroïque dans les combats, mais crédule et superstitieuse dans la vie privée; faibles et énergiques tout ensemble, susceptibles enfin de grands crimes et de grandes vertus.

L'on se rappelle ici, plus vivement que partout ailleurs, ces défis en honneur de la beauté, ces lois capricieuses, ces préjugés à la fois si frivoles et si dangereux. L'esprit n'est frappé que des images sanglantes de la guerre, des joûtes innocentes, des tournois, des coups de lances donnés dans les lices poudreuses, et de toutes les fêtes magiques consacrées à la chevalerie et à l'amour.

Mais quatre siècles se sont écoulés depuis ces temps jusqu'à nous. Rien ne retentit plus dans l'enceinte inhabitée. Les accents du triomphe ou les plaintes de la douleur , les cris de l'allégresse ou les joyeux refrains du ménestrel ont cessé de s'y faire entendre. Les fanfares de gloire, les tintements de la cloche du beffroi , les éclats perçants du clairon sonore ont fait place au ramage varié des hôtes aîlés des bocages , au bruit inopiné du vent dans le feuillage , au murmure affaibli de la cascade voisine. Ces flots, qui ont roulé des cadavres dans leur blanche écume, ne reflètent aujourd'hui que les fleurs de leur rivage, les rochers couverts d'arbres et les monuments nouveaux qui s'y entremêlent. Tout annonce que ces murs, depuis longtemps, ont changé de maîtres, et l'on ne trouve plus rien des héros qui les ont habités, que ce qui est resté dans la mémoire des hommes.

Quelque absorbé qu'on soit dans la méditation qu'inspire un lieu d'un si grand renom et maintenant si désolé, la curiosité s'empare trop fortement de nous, pour que nous ne cherchions pas à savoir avec plus de détails quels ont été ses anciens habitants.

Sous la domination théocratique des Druides, sous le gouvernement militaire des Romains, Clisson, situé dans l'Armorique, n'est pas nommé dans l'histoire.

Au V$^{e}$ siècle, lorsque des colonies de la Grande-Bretagne descendirent dans cette province dont elles s'emparèrent, cette petite ville fit partie des marches communes de la Bretagne et du Poitou.

Dans l'année 843, après s'être rendus maîtres de Nantes, qu'ils livrèrent au pillage, les Normands remontèrent la Sèvre et portèrent leurs ravages jusqu'à Clisson. L'année suivante, Lambert, aidé de Nominoë, roi de Bretagne, ayant ajouté les pays de Mauges, Tiffauges et Herbauges au comté de Nantes qu'il avait usurpé, la ville de Clisson fut comprise dans ce comté et par conséquent dans la Bretagne. Elle y est toujours restée unie depuis, en conservant précieusement les priviléges que les empereurs avaient accordés aux habitants des Marches.

Depuis ce moment, il n'en est pas fait mention jusqu'au 13e siècle, où parurent, pour la première fois, des seigneurs particuliers du nom de Clisson.

Sous le règne de Jean Ier, dit *le Roux*, l'histoire désigne Olivier Ier, surnommé *le Vieux*. Dès son avénement à la couronne, Jean *le Roux* persécuta les ecclésiastiques. Bientôt, forcé de se rendre à Rome pour se faire absoudre de l'excommunication qu'il avait encourue, il se soumit au Saint-Siége, et, à son retour, voulut forcer les barons à la même obéissance. Sous l'aristocratie puissante qui régnait en Bretagne, un tel acte d'autorité devait s'exécuter difficilement. La plupart des nobles se soulevèrent contre leur prince. Olivier Ier surtout provoqua le duc, son seigneur-lige contre lequel il soutint la guerre pendant plusieurs années. Le prince ne se borna pas à faire raser les forteresses du baron déloyal, il fit encore saisir toutes ses terres.

Cette révolte, qu'un de ses descendants devait imiter et porter plus loin, se termina dans l'année 1262, par un traité passé en présence de Louis IX.

Olivier II, son fils, ne se distingua par aucune action d'éclat. Il fut père de trois enfants qui l'ont éclipsé : Gauthier, Olivier III, et Amaury, tous trois célèbres pour avoir pris part aux sanglants débats qui signalèrent en Bretagne la rivalité de Jean de Montfort et de Charles de Blois.

Gauthier était gouverneur de Brest, lorsque cette ville fut attaquée en 1341, par le comte de Montfort. Ce guerrier fut tué au siége de cette place, dans laquelle le nouveau duc ou plutôt le prétendant entra en vainqueur.

Amaury, prenant le parti de ce prince, qui bientôt fut fait prisonnier et renfermé au Louvre, se rendit près de la comtesse Jeanne de Flandre, épouse de Montfort : il remplit pour elle les fonctions d'ambassadeur en Angleterre, conduisit à la cour d'Edouard III le fils unique de cette princesse encore enfant, et demanda à ce monarque des secours avec lesquels il revint la trouver à Hennebon. Il se distingua aux assauts que soutint cette ville par des actions héroïques qui firent de lui l'un des preux les plus renommés du XIV$^{e}$ siècle. Plus tard, les rigueurs exercées à son égard le firent changer de parti, et il mourut en 1347, dans celui de Charles de Blois.

Olivier III, au commencement de la guerre, s'était renfermé dans la forteresse de la Roche-Periou, qui résista seule aux attaques de Montfort, vainqueur dans tout le reste de la province. Par la suite, il fut fait gouverneur de Vannes. Ayant été pris à ce siége par Edouard, qui était descendu en personne en Bretagne, il se laissa gagner, et promit à ce monarque d'embrasser la cause de Montfort en paraissant toujours attaché à celle de Charles de Blois. Philippe de Valois, roi de France, ayant appris cet accord, fit trancher la tête au seigneur breton et à ses complices, qu'il accusa de félonie. Alors, pour la première fois, le sang de la noblesse française coula sur un échafaud.

Jeanne de Belleville, veuve d'Olivier III, informée de la mort de son époux, entra ouvertement dans le parti de Montfort, et alla former le siége de quelques places qui tenaient pour Charles de Blois. Ce prince rassembla bientôt une armée pour s'opposer à l'intrépide Belleville, dont l'amour outragé et le désir de la vengeance avaient fait une héroïne.

Trop faible pour résister à tant de

forces, elle équipe des vaisseaux sur lesquels elle embarque sa petite troupe, qui montait à quatre cents hommes; elle court les mers, surprend les navires français qu'elle rencontre, descend de tous côtés, et, satisfaite d'avoir vengé son époux et répandu au loin la terreur de son nom, elle va conduire le jeune Olivier, son fils unique, alors âgé de 7 ans, à la cour de cette illustre Jeanne de Flandre, qui ne pouvait être plus courageuse qu'elle, mais que le sort avait produite sur un théâtre plus brillant que le sien.

Jeanne de Flandre n'avait qu'un fils : il était à peu près du même âge que le jeune Olivier de Clisson, quatrième et dernier du nom. Elle réunit ensemble ces deux enfants, afin que recevant la même éducation, éprouvant les mêmes sentiments, ils se liassent d'une amitié indissoluble et suivissent l'exemple que leur avaient donné leurs mères.

Olivier de Clisson servit, en effet, avec zèle les intérêts de Montfort. Il contribua surtout au gain de la bataille d'Aurai, dans laquelle il perdit un œil. Charles de Blois fut tué dans cette bataille meurtrière, qui mit fin à la plus longue guerre civile qui eût encore affligé la Bretagne, et le jeune comte de Montfort, délivré de son compétiteur, fut reconnu duc, sous le nom de Jean IV.

Bientôt Clisson et Jean IV virent s'altérer, au sein de la prospérité, ces liens que le malheur avait formés. L'intrépide Olivier avait voué une haine profonde aux Anglais, que le duc ne cessait d'accueillir à sa cour, autant par reconnaissance que pour se soutenir sur un trône chancelant encore, et pour lequel il ne pouvait compter sur l'appui de Charles V.

Indigné de rester dans une cour dévouée à l'Angleterre, Clisson prit le parti de la France. La guerre s'était rallumée entre les deux pays. Ce guerrier, suivant aveuglément les inspirations de la vengeance, au lieu d'écouter l'humanité, plus sacrée que tous les préjugés qu'on appelle des haines nationales, se signala contre les Anglais, qui ne trouvèrent jamais dans son cœur ni l'estime attachée à la bravoure, ni la compassion due à l'infortune. A la capitulation de Benon, on le vit, de sang-froid, massacrer de sa hache quinze soldats de cette nation, qui sortaient désarmés de la ville qu'ils avaient courageusement défendue. Cette action lui attira la haine de ces insulaires, qui le flétrirent justement du surnom de *Boucher*.

Cependant, Duguesclin étant mort, Clisson, qui avait été son frère d'armes, lui succéda dans la charge de connétable. Premier officier de la couronne, il donna des preuves nouvelles de son talent et de sa valeur, et il était à la tête de l'armée lorsqu'elle remporta sur les Flamands la fameuse victoire de Rosebecq.

Se ressouvenant plus que jamais de l'inimitié qu'il avait jurée aux Anglais, Clisson fit servir alors les richesses de la France pour armer une flotte de quatre cents vaisseaux, qui devait débarquer en Angleterre les troupes dont il avait le commandement. Il avait fait construire en même temps, en Bretagne, une ville en bois, dont toutes les pièces, susceptibles de se diviser, pouvaient être facilement transportées sur des navires et loger une armée à l'instant du débarquement. Le duc de Berri, oncle du roi, fit échouer cette entreprise, que la valeur du connétable et la faiblesse du Gouvernement britannique, sous les premières années du règne de Richard II, rendaient praticable.

Deux années après, Clisson proposa un second armement. Cette fois, la cour le laissa libre d'agir. Ne craignant plus d'être traversé dans ses desseins, il fit rassembler à la hâte ses vaisseaux à Tréguier et à Honfleur, et réunit les soldats qui étaient à sa disposition. La France était en suspens, l'Angleterre épiait le départ du connétable avec inquiétude, quand un nouvel incident vint faire échouer ce projet, comme le précédent.

Muni de la première charge du royaume, enorgueilli par ses victoires, devenu par elles et ses vexations aussi riche et aussi puissant que les princes du sang royal eux-mêmes, Clisson avait osé lever les yeux sur l'ancienne famille souveraine de Bretagne, et il venait de proposer de marier sa fille Marguerite au dernier des enfants de Charles de Blois, qui était resté captif en Angleterre.

Jean IV, animé contre le connétable crut voir dans cette dernière démarche une conjuration formée contre sa personne et contre ses droits. Il craignit que Clisson ne cherchât à perpétuer la querelle de Charles de Blois, et qu'il n'employât le crédit que lui donnait sa charge près de la cour de France pour faire passer la couronne ducale dans la famille à laquelle il voulait allier la sienne.

Pour consolider son trône, autant

que pour satisfaire sa vengeance, le duc résolut de faire périr son ennemi, avant que ce mariage funeste fût conclu. Pour en venir plus sûrement à son but, il prit avec lui le masque de l'amitié, et l'engagea à assister aux états qu'il convoqua pour lors à Vannes. C'était dans l'année 1387.

Clisson laissa sa flotte pour quelques jours et arriva au rendez-vous qui lui était fixé. Le duc le pria de venir visiter le château de l'Hermine, qu'il faisait construire; il lui en montra les appartements et les fortifications. Etant arrivés à une tour qu'ils n'avaient pas vue, Jean IV, sous prétexte de lassitude, invita le connétable à y monter seul. Celui-ci y entra sans défiance; mais à peine eut-il franchi quelques degrés que des gens armés, placés dans cet endroit par ordre du duc, se jetèrent sur lui, le chargèrent de trois chaînes de fer, et le laissèrent renfermé dans la tour.

Le seigneur de Laval, beau-frère de Clisson, causait avec le duc pendant cet acte de violence. Etonné du bruit qu'il entendait, il allait en demander la cause, lorsque l'altération qu'il aperçut sur le visage du prince lui fit découvrir la vérité. Il se jeta aussitôt à ses pieds, le conjurant de ne pas déshonorer son règne par une entreprise aussi coupable. Jean IV lui répondit qu'il savait mieux que personne ce qu'il avait à faire, et il lui ordonna de se retirer.

Au même instant Beaumanoir, compagnon d'armes de Clisson, étant survenu, le duc lui demanda s'il voulait partager le sort du connétable, et en même-temps il tira sa dague pour lui percer un œil, afin qu'il fût semblable à son maître. Triste effet du ressentiment qui faisait oublier au prince, dans ce moment, que Clisson avait perdu cet œil en combattant pour lui. Enfin, agité de colère et de honte, le duc fit arrêter et conduire Beaumanoir en prison avec le guerrier dont il implorait la grâce.

Étant rentré chez lui, Jean IV donna l'ordre à un gentilhomme nommé Bazvalen, de s'introduire à minuit dans la prison de Clisson et de le faire périr. Celui-ci osa faire quelques remontrances à son prince, qui lui ordonna une seconde fois d'obéir sous peine de la vie.

Le seigneur de Laval, peu découragé de ses premières tentatives, essaya de nouveau de fléchir la colère du prince. Il se jeta à ses pieds, et, les mains jointes, lui demanda, les larmes aux yeux, la grâce de son beau-frère. « Souvenez-

» vous, Monseigneur, lui dit-il, que
» vous fûtes élevé avec lui, qu'il vous
» a suivi dans une terre étrangère,
» qu'il a été fidèle à votre parti, quand
» vous étiez le plus faible. Après la
» bataille qui vous valut la victoire, et
» où il a mille fois exposé sa vie pour
» vous, vous avez solennellement publié
» la reconnaissance que vous lui de-
» viez. » Jean IV répondit qu'il avait reçu, depuis, de telles offenses de Clisson, qu'il n'y avait que la mort qui pût les venger.

Sitôt que le duc fut seul, sa conscience ne tarda pas à lui reprocher son crime. La nuit qui avait été fixée pour cette exécution ne fut pour lui qu'un long supplice. En vain il chercha un sommeil qui fuyait sa paupière. Le droit des gens violé, l'insulte faite au roi dans la personne de son connétable, toutes ces réflexions, qui étaient déjà des remords, se présentaient à son esprit, et faisaient succéder dans son cœur l'attendrissement tardif du repentir à l'emportement qui lui avait conseillé la vengeance. La crainte, aussi forte que les murmures de sa conscience, lui montrait de nouveau les Français et les Bretons ligués contre lui et le chassant une seconde fois de ses Etats.

A la pointe du jour il envoya chercher Bazvalen, et lui demanda s'il avait exécuté ses ordres. Vous avez été obéi, répondit ce gentilhomme. *Plût à Dieu que je vous eusse cru*, s'écria le duc, *je vois bien que je ne serai jamais sans détresses. Messire Jehan, retirez-vous, que je ne vous voie plus*. Aussitôt poussant des cris affreux, il s'abandonne à toute l'expression de sa juste douleur. En vain les gens de sa maison, alarmés de son désespoir, accourent à ses cris, personne ne peut soupçonner la cause de ce trouble imprévu. Le prince se renferme seul, et passe tout le jour dans les larmes, refusant de recevoir les aliments qui lui sont nécessaires.

Vers le soir, Bazvalen, qui avait voulu laisser au duc le temps du repentir, reparaît devant lui, malgré la défense qui lui en avait été faite. Il connaissait le cœur sensible de ce prince qui avait pleuré sur le cadavre d'un ennemi, et il lui avait épargné un crime. Il dit à son maître, que, prévoyant la douleur que lui causerait la mort du connétable, il avait osé prendre sur lui de différer l'exécution de ses ordres et que Clisson vivait encore. A ces mots, le duc, transporté de joie, embrassa le fidèle serviteur dont il récompensa la prudence et la discrétion.

Cependant, ce prince, soulagé de ses remords, ne fut pas assez grand pour être généreux. Lorsque Bazvalen se fut retiré, le seigneur de Laval, prévenu par lui de la nouvelle disposition du duc, retourna au château pour demander l'élargissement de son beau-frère. Le duc, pensant que l'ordre qu'il avait donné n'était connu de personne, dit à ce gentilhomme, qu'en sa considération il accordait la liberté à Clisson, moyennant cent mille francs et la remise des places fortes que celui-ci possédait en Bretagne.

Ce guerrier, accablé sous le poids de ses fers, s'attendait à chaque instant à recevoir la mort au fond de sa prison. Il accepta, non sans balancer, des conditions qui lui procuraient la liberté; mais il alla aussitôt se jeter aux pieds de Charles VI, lui remettant l'épée de connétable et lui disant qu'il ne pouvait plus exercer sa charge après l'affront qu'il venait de recevoir.

Cette querelle se prolongea durant plusieurs années. La France même y prit part, et l'on sait que la démence déplorable de Charles VI, qui entraîna la perte de la monarchie, et mit sur le trône de France un roi d'Angleterre, commença à se manifester, pour la première fois, lorsque ce souverain se rendait en Bretagne, avec une armée, pour venger la cause de Clisson. Pendant cette longue lutte entre un prince et son sujet, la Bretagne entière fut le théâtre d'une guerre opiniâtre.

Ce qu'il y eut de singulier dans cette guerre, c'est que chaque fois que le différend entre les deux parties était terminé par des arbitres, celui qu'on jugeait coupable était condamné à une amende, qui, au lieu d'être prise sur son propre trésor, était levée sur les vassaux de son domaine.

*Quidquid delirant reges plectuntur achivi.*

Après plusieurs traités, suivis de nouvelles ruptures, le duc et Clisson se réconcilièrent enfin. La mort du prince suivit de près cet accord, et on soupçonna le connétable de l'avoir fait empoisonner. Son crédit arrêta les poursuites. Il ne survécut que de 8 ans à son rival : il mourut l'an 1407 et légua à sa fille le soin d'une vengeance qu'il n'avait pu assouvir. Il laissa après lui des richesses immenses, fruit des malversations commises dans sa charge, et des impôts dont il avait écrasé ses nombreux vassaux. Dans un testament fait quelques années auparavant, ses richesses avaient été évaluées à 1,700,000 livres, somme exorbitante pour ce temps là.

Durant le cours d'une vie toujours agitée, Olivier de Clisson habita peu le manoir de ses pères. Seulement il le fit décorer d'une tapisserie représentant, avec ses hauts faits, ceux de son frère d'armes Bertrand-Duguesclin. Exemple frappant d'une amitié rivale, que les mêmes triomphes n'avaient pas rendue jalouse.

L'ambitieuse Marguerite engagea bientôt ses enfants dans la querelle de Charles de Blois, leur aïeul, et, voulant leur rendre la couronne échappée à leur famille, elle entreprit de faire périr Jean V, duc de Bretagne. Au commencement de l'année 1420, elle attira ce prince hors de Nantes, le fit renfermer à Champtoceau, et, après l'avoir transféré de châteaux en châteaux, elle le fit jeter, en dernier lieu, dans celui de Clisson.

Tandis qu'elle vengeait ainsi, sur le fils de Jean IV, l'emprisonnement que ce prince avait fait subir à son père, Jean V, digne encore de conserver des sujets dévoués, alors qu'il n'avait plus de courtisans, vit bientôt toute la noblesse bretonne s'armer pour sa défense. Le siége de Champtoceau fut formé. Marguerite, qui s'y était renfermée, fit savoir à ses enfants qu'ils eussent à relâcher le prince s'ils voulaient lui sauver la vie.

Sorti de cette étrange captivité, le duc confisqua les possessions des rebelles et donna la même année le château de Clisson à son frère Richard, qui avait été le compagnon de sa captivité. Celui-ci se prépara à en former le siége, mais les habitants se rendirent sitôt qu'ils se virent bloqués ; alors, ce château passa dans la famille ducale de Bretagne, et la maison qui en avait porté le nom s'éteignit dans la ligne masculine.

Richard affectionna surtout cette possession qui avait été le prix de sa détention. Ce fut là qu'il mourut. Son fils, le voluptueux François II, monta sur le trône l'an 1458, et, dans le cours d'un règne marqué par des événements qui amenèrent l'union de la Bretagne à la France, il se plut souvent à résider dans le lieu de sa naissance dont il fit le rendez-vous de tous les plaisirs. Des prairies situées sur la rive droite de la Moine, qui ont retenu jusqu'à nous le nom de

*Prairies des guerriers*, rappellent le souvenir de ces fêtes galantes.

François II donna ce château en 1481 à son fils naturel François, à qui il avait affecté, l'année précédente, la baronnie d'Avaugour, la première du duché. Ce seigneur a été la tige des comtes de Vertus, dont la branche mâle a fini en 1746. Ainsi, Clisson, sorti de la maison de Bretagne, resta dans les temps postérieurs, à celle de Vertus.

Depuis l'union de la Bretagne au royaume jusqu'à l'époque des guerres de la Ligue, l'histoire ne fait plus mention de Clisson. Lorsque ces guerres cruelles commencèrent à désoler nos contrées, Henri de Bourbon, roi de Navarre, désirant s'assurer de l'embouchure de la Loire, voulut assiéger ce château en 1588; mais le trouvant plus fort qu'il n'avait cru, il se rejeta sur celui de Beauvoir, dont il s'empara.

A la mort de Henri III, le duc de Mercœur, qui était le chef de la Ligue en Bretagne, et qui prétendait se rendre maître de son Gouvernement sur lequel il faisait valoir les droits de la maison de Blois, dont il avait épousé l'héritière, ne voulut pas reconnaître le successeur de ce monarque. Les États se déclarèrent du parti contraire, et la plupart des places fortes de la province furent fermées au prince rebelle. En 1595 il conçut le projet d'attaquer le château de Clisson ; mais les Espagnols, ses alliés, ayant refusé de passer la Loire, il fut obligé de se désister de cette entreprise.

Depuis, cet édifice était resté dans un abandon total. Déjà ses vieilles murailles délaissées pendant deux siècles, commençaient à tomber en ruines, lorsque la guerre de la Vendée a achevé de le rendre inhabitable. Il a servi à cette époque de place d'armes à l'armée de Mayence.

On peut ajouter à ce récit succinct des événements qui le concernent, la liste des princes que le hasard, la guerre, le voisinage de Nantes, ou la curiosité y ont conduits, et citer, avec l'auteur de la *Notice historique sur Clisson*, « le pieux » Louis IX, la prudente Blanche de » Castille, sa mère, le conquérant Charles » VIII, le père du peuple Louis XII, le » magnanime François 1er, la reine » Eléonore, le sombre Charles IX et » l'altière Catherine de Médicis. »

De la maison de Vertus, cette forteresse était passée dans celle de Rohan-Soubise : le Gouvernement en devint propriétaire en 1791 ; il la céda à la caisse d'amortissement, et M. Lemot, désirant préserver cette ruine précieuse d'une destruction totale, en a fait l'acquisition en 1807.

Tels sont les faits historiques qui se rattachent au château de Clisson. Le passé qui nous aide à repeupler ces murs, ne nous apparaît que comme un sombre nuage, d'où sortent de temps à autre quelques rayons de gloire. L'esprit se lasse bientôt de la répétition de ces scènes sanglantes:

Mais les eaux, mais les bois, mais les ombrages frais,
Tout ce luxe innocent ne fatigue jamais.

(DELILLE.)

Retournons donc admirer la nature: il reste à voir la Garenne, tant de fois aperçue et si longtemps désirée. Pour s'y rendre, on traverse le pont de la ville et ensuite le pont Saint-Antoine, d'où l'on observe les deux rivières qui se joignent, la masse semi-circulaire du château et le bosquet décoré du Temple de l'Amitié, qui domine tout le reste, comme le souvenir de ceux à qui il est consacré. A vos pieds est l'hôpital, dont le fertile jardin s'avance dans la Sèvre, semblable à une langue de terre qu'elle a oublié de couvrir. Cet établissement fait face au château. Ainsi, le lieu où se rassemblent tant de misères est opposé à celui qui réunissait tant de plaisirs et de richesses, et les infortunés qu'il renferme peuvent se consoler des maux qu'ils souffrent en contemplant ce témoin muet de l'inconstance de la fortune.

Tous les objets deviennent plus pittoresques encore, vus sous l'arche de ce pont, dans le lit même de la Moine,

A l'entrée de la promenade est la maison du portier. On y trouve un registre dans lequel on lit avec les noms de ceux qui sont venus visiter Clisson, l'expression des sentiments qu'ils y ont éprouvés. Cette lecture est susceptible d'un certain intérêt. On aime à voir la nature interprétée par tant de personnes qui la jugent d'après leurs passions, leurs idées, ou quelquefois leur situation physique ou morale. D'ailleurs, il en est de la campagne, considérée à travers le prisme de notre imagination, comme de ces objets vus dans un tube, et auxquels chaque mouvement du tube donne une nouvelle forme.

On dépasse le portail de la Garenne, nommée ainsi parce que c'était, en effet, autrefois une véritable garenne, qui aujourd'hui, a bien changé de destination.

Voici l'étroit sentier de l'obscure vallée,
Du flanc de ces coteaux pendent des bois épais,
Qui, courbant sur mon front leur ombre entremêlée,
Me couvrent tout entier de silence et de paix.

(DE LAMARTINE.)

Ces vers d'un poète nouveau (1), mais devenu assez ancien en peu de temps pour qu'on puisse le citer comme un modèle, peignent avec la plus grande vérité l'impression que reçoit, sans doute, tout voyageur au premier aspect de ce séjour champêtre.

A quelques pas de là, on a construit des piliers qui vont changer en une allée factice cette allée naturelle. Ce coup d'œil désenchante déjà; car si l'on applaudit aux créations de l'art, quand elles sont d'accord avec la nature, on regrette quelquefois de les voir usurper sur elle.

On avance, et la route, légèrement courbée, suit les détours du rivage. Vous avez à côté de vous cette eau paisible et presque morte, à laquelle sa profondeur donne une teinte sombre. Les arbres eux-mêmes participent de la tranquillité de cette promenade ; les chênes laissent tomber leurs branches dans la rivière, et, en croissant dans la patrie des saules

(1) Ed. Richer écrivait ceci en 1825.

ils semblent en contracter la souplesse et l'abandon.

On arrive à une demi-lune de rochers, et déjà la colline devient plus agreste. On lit sur un de ces blocs des vers que J.-J. Rousseau avait gravés à Ermenonville. Il y a quelque chose de poétique dans ce souvenir mêlé d'Ermenonville et de l'auteur des lettres de Saint-Preux. Cependant, on aurait choisi mieux dans la prose de cet écrivain, qui avait des sensations si vives et les peignait si bien ; mais qui ne pouvait assujettir sa verve brûlante aux entraves du rhythme (1).

Un peu au-delà, on gravit un sentier tournant, et , à mi-côte, on pénètre dans

---

(1) Voici ces vers :

O limpide rivière , ô rivière chérie,
    Puisse la sotte vanité
Ne jamais dédaigner ta rive humble et fleurie;
Que ton simple sentier ne soit point fréquenté
    Par aucuns tourments de la vie,
    Tels que l'ambition , l'envie ,
    L'avarice et la fausseté.
Un bocage si frais, un séjour si tranquille
Aux tendres sentiments doit seul servir d'asile.
Ces rameaux amoureux, entrelacés exprès,
Aux muses , aux amours, offrent leur voile épais.
    Et ce cristal d'une onde pure
    A jamais ne doit réfléchir
    Que les graces de la nature
    Et les images du plaisir.

une grotte naturelle. On a eu l'heureuse idée d'en faire la grotte d'Héloïse (1). On sait que cette amante infortunée vint en Bretagne, chez la sœur d'Abeilard, pour éviter le ressentiment de son oncle, et que ce fut là qu'elle mit au monde son fils *Astralabe*. Rien ne certifie qu'elle ait visité Clisson; mais cette illusion est trop douce pour chercher à la décréditer.

Le souvenir de cette Héloïse, dont le nom est devenu celui de l'amour fidèle, suffit pour animer tout le paysage à nos

(1) L'inscription suivante se lit dans cette grotte :

Héloïse peut-être erra sur ce rivage,
Quand, aux yeux des jaloux dérobant son séjour,
Dans les murs du Pallet elle vint mettre au jour
Un fils, cher et malheureux gage
De ses plaisirs furtifs et de son tendre amour.
Peut-être, en ce réduit sauvage,
Seule plus d'une fois elle vint soupirer :
Et goûter librement la douceur de pleurer ;
Peut-être, sur ce roc assise,
Elle rêvait à son malheur,
J'y veux rêver aussi, j'y veux remplir mon cœur
Du doux souvenir d'Héloïse.

Les poètes et les peintres ne sont pas les seuls que ces lieux romantiques aient inspirés : il ont fourni à Mme Ricoboni le sujet d'un de ses plus jolis ouvrages : *l'Histoire des amours de Gertrude, dame du Château-Brillant*. Elle y désigne le château de Clisson, sous le nom du château de la Roche-Forte, nom qu'on lui donnait autrefois, à cause du rocher escarpé sur lequel il est bâti.

yeux. On considère avec plus d'attendrissement cette rivière qui, sans doute, a réfléchi son image ; il semble que l'air qu'on respire est celui qu'elle a respiré. La nature paraît avoir là une âme qui répond à la nôtre. Ce que nous éprouvons dans ces lieux, Héloïse l'a éprouvé : elle a senti, admiré et rêvé comme nous.

Ce nom consacré provoque mille idées. C'était lui seul que cette grotte devait offrir. L'inscription qu'on y lit est peut-être inutile; car le sentiment est toujours plus prompt que la parole, et les phrases qui le commentent ne font que l'affaiblir.

En continuant de longer le rivage, on rencontre plusieurs rochers amoncelés. L'un d'eux, prêt à glisser dans le chemin, est resté suspendu, et cette position précaire donne à méditer. Sur une des faces de ce rocher, on lit en gros caractères ce vers admirable du poème des *Jardins* :

Sa masse indestructible a fatigué le temps.

Il était impossible de rien choisir de plus magnifique; mais ce que le poète disait si justement des ruines de Rome antique ne peut s'appliquer ici. Il y a une grandeur réelle dans cette pensée, qui présente les ouvrages de l'homme luttant contre les années : mais on ne peut dire qu'un rocher, ouvrage du temps, ait fatigué le temps : c'est tromper l'imagination. Le plus petit caillou de nos jardins a reçu les mêmes outrages, a résisté aux mêmes révolutions, et, comme l'a si bien dit encore notre Delille :

**L'histoire de ce grain est l'histoire du monde.**

Au premier détour, le coteau opposé s'offre en perspective, l'œil suit avec curiosité le cours de la Sèvre, qui, après un coude peu sensible, va rejoindre la ville de Clisson, et s'enfuit *sous l'arc d'un pont lointain*. S'il n'y a pas de paysage vraiment intéressant sans qu'il y ait des ruines, on peut dire aussi qu'il y a peu de ruines qui s'allient aussi bien au paysage que celle du château, qui, ne cessant de se faire apercevoir, jette dans l'âme tant de réflexions.

Après le sentier étroit qu'on vient de parcourir, on a sous les yeux une prairie, du milieu de laquelle se développe l'ancien musée, qu'avait établi M. Cacault, et l'obélisque (inventé par les anciens pour imiter la flamme qui remonte vers le ciel), dont la structure légère donne quelque chose d'aérien au tableau. A côté se montre une des chutes que l'on a observées déjà. Jusque-là tout laissait l'âme dans une vague mélancolie. La campagne était belle, mais elle était muette: cette cascade est la voix mystérieuse de ces lieux enchantés ; c'est la vie de ce séjour paisible où les passions perdent leur turbulence pour se mettre en harmonie avec la nature.

Cette chute n'a point une rapidité qui effraie ; la lumière s'y joue comme sur les fleurs d'une prairie : elle renvoie des jours plus éclatants sur les arbres qui la voilent. On se livre, dans ce lieu, à une sorte de gaîté douce, on s'abandonne à la distraction par une conformité secrète de notre âme avec le paysage.

Au-dessus de ce séjour si riant, se découvre un tombeau de forme antique, sur lequel on lit une inscription simple et sublime à la fois ; c'est celle si connue du Poussin : *Et in Arcadia ego*. Cette vue excite en nous un retour amer qui, cependant, n'est pas sans volupté. On respire un air pur, le ciel est sans nuage, on s'abreuve de lumière, et tous ces bienfaits de la nature, on les goûte sur un tombeau.

Le souvenir de la mort, au milieu d'un site qui semble redoubler la vie au fond du cœur, engage presque à une possession plus prompte du moment; on serait tenté de dire avec les disciples vulgaires d'Horace : jouissons, car qui sait si nous vivrons demain. Cependant, quelque chose de plus sévère et de plus consolant que la philosophie d'Epicure repose dans la conscience. Il ne dépend pas de certaines âmes qu'une volupté dont elles envisagent la fin ne leur paraisse empoisonnée. Une croyance sublime les avertit que les plaisirs des sens ne sont rien sans ceux de la pensée , et que l'être qui pense ne meurt jamais.

Ce lieu, qui fait naître tant d'idées, nous appelle plus loin. Le canal sombre de nouveau, et l'eau qui n'est plus agitée, prend la couleur noire qui lui est naturelle. Déjà les pensées se reposent sur elles-mêmes, et, en suivant le cours de ces ondes, comme elles, elles se succèdent sans confusion. Mais on ne reste pas longtemps sans jouir d'un nouveau spectacle.

On parvient à un endroit où la Sèvre se divise en de petits bras, qui enclosent des îles dans leurs circuits : ils offrent l'apparence de faibles ruisseaux qui s'encombrent partout de rochers que leurs flots impatients franchissent en écumant. Des arbres nombreux couvrent la surface de ces îles qui sont les seules un peu considérables qu'on ait vues sur la Sèvre, et ces arbres épars cernés d'un méandre d'argent, jettent dans le paysage la variété nécessaire pour occuper la rêverie sans la troubler. Les eaux, qui se précipitent alentour, y entretiennent la pureté de l'air, et une atmosphère humide, au milieu même de l'été, enveloppe tout ce qui végète, pour en éterniser la verdure.

Ces rochers si pittoresques, ces ombres si fraîches, ces odeurs si suaves, qui s'exhalent du calice des fleurs toujours humectées, ces coteaux si riants, dont la parure mouvante ressort en franges vertes sur l'azur immobile d'un ciel sans tache, cette cascade toujours tombante et toujours brisée en mille flocons d'écume, tout inspire je ne sais quel recueillement voluptueux auquel ne se mêle rien de pénible. Il semble qu'on soit tout absorbé dans le sentiment de son propre bien-être. Ce lieu charmant est aux sites qui l'environnent ce que le printemps est aux autres saisons de l'année, ce que le matin est aux autres heures du jour ; ce serait un Élysée sur la terre, si ce nom n'avait pas été tant profané, et si l'on y trouvait cette onde qui faisait perdre aux mânes fabuleux et le souvenir de leurs peines et le regret de leur bonheur.

Ah ! si les émotions si pures de la campagne sont sans attraits pour nous, venons dans ces lieux et nous les comprendrons. Ouvrons nos cœurs à ces plaisirs simples, ne serait-ce que par le contraste. Nous avons besoin aujourd'hui plus que jamais de quelque chose qui nous délasse de ces changements subits que font naître tous ces intérêts d'un jour. Nous goûterons la nature avec plus de délices, parce qu'elle nous inspirera des goûts plus loin de notre situation. Ne flétrissons point du nom de chimères des sentiments si doux; c'est une vanité trop puérile que de se montrer blasé sur tout. Il n'y a que celui qui récuse ces plaisirs qui se trompe : ils n'ont rien de l'impétuosité des passions. Nous les goûtons avec toute notre âme, et l'âme, dégagée des préjugés du monde, ne connaît que la vérité. L'imagination, qui nous fait concevoir le langage des lieux, cette imagination tant calomniée, tient de plus près qu'on ne pense à notre existence intime et secrète.

On sort de ces îles, et on laisse derrière soi, sur un rocher, une colonne qui décorait le château de Madrid, construit par François Ier. On sait que, par une supercherie indigne d'un grand homme, ce prince prétendait, en habitant ce château, acquitter la promesse qu'il avait faite de retourner dans cette capitale, qui partageait avec Londres l'honneur d'avoir vu dans ces murs un roi de France prisonnier.

Plus loin, le rivage se découpe en une petite baie. C'est un enfoncement garni d'arbres, dont les racines, privées de la terre qui les supportait, montrent actuellement à nu leurs saillies tortueuses. Ce lieu est appelé le *Bain de Diane*. L'ombre le garantit de l'ardeur du jour et le bruit de la cascade la plus proche fait passer dans les sens la fraîcheur des eaux avant même de l'avoir éprouvée

Les Romains avaient tracé une route qui allait de Poitiers à Brest. Cette voie, indiquée sur la carte de Peutinger, est le plus considérable des cinq *itinéraires*, qui concernaient l'Armorique. Elle allait de Nantes à Tiffauges, et, vraisemblablement traversait Clisson, situé sur le chemin de ces deux villes. C'est toujours un souvenir précieux dont il était bon de s'emparer.

Il fallait dire au voyageur que, sous ces arbrisseaux, était enfoui, sans laisser de traces, un des ouvrages les plus durables de ce peuple qui s'était promis une domination éternelle. Au lieu d'une inscription l'on a représenté le modèle parfait de l'une de ces bornes milliaires qui servaient à diviser l'empire des Césars, c'est-à-dire tout l'univers. A côté de ce monument si bien à sa place, on voit un de ces siéges de pierre d'où les cavaliers romains, qui ne soupçonnaient pas encore toutes les commodités du luxe et ne se servaient pas comme nous d'étriers, s'élevaient pour monter à cheval.

A droite, est le moulin à papier de *la Feuillée*, avec sa cascade, ses rochers, ses arbres et son écume, car les mêmes mots reviennent partout ici pour exprimer les mêmes images. Sur la gauche, gîsent des blocs en désordre, jetés les uns au-dessus des autres, et majestueusement couronnés d'un édifice circulaire. Ces rochers, semblables à une architecture informe, contrastent, dans leur âpreté, avec les constructions élégantes qu'ils supportent; mais la vue se repose avec plus de volupté sur cette magnifique architecture grecque, si simple dans son accord, si sobre dans ses détails, et qui, comme une poésie sublime, laisse toujours à l'esprit quelque chose à deviner. Ce joli temple est appelé le *Temple de Vesta,* ainsi que celui de Tivoli, sur le modèle duquel il a été construit. C'est une ressemblance de plus qu'offre Clisson avec ce Tibur tant vanté qui réunit les souvenirs antiques de l'histoire aux charmes enivrants d'un éternel printemps.

Le temple est le dernier objet que renferme le bas de la Garenne.

En montant le coteau ombragé qu'on vient de suivre, on arrive à ce même temple, sous la voûte duquel la vallée est encadrée d'une manière vraiment pittoresque. On éprouve le même plaisir à la considérer que sous l'arche du pont Saint-Antoine. L'habitude où nous sommes de voir nos voûtes, nos arcades placées sans cesse sur le devant de nos tristes murailles, nous blase sur leurs formes gracieuses. Mais quand elles viennent servir de bordure aux bois et aux rochers, quand elles circonscrivent le paysage comme un tableau, il est impossible de ne pas être frappé. C'est une courbe élégante qui vient retrouver ses modèles, et imiter les berceaux dont elle a emprunté les contours ; c'est l'art qui subjugue la nature et qui donne des bornes à la vue pour mieux fixer nos sensations mobiles.

Il est difficile de peindre ce qu'on ressent à s'égarer dans les chemins couverts qui partagent le bocage. Ces sentiers tortueux vous conduisent de surprise en surprise, sans que jamais on puisse les accuser de vous faire errer, malgré vous, vers un but toujours promis et qui s'éloigne toujours.

Les chênes, les ajoncs, les genêts, les

pins, l'acacia, le sycomore, le lilas, tout cela est mêlé, entrelacé et confondu. Il y a je ne sais quel mystère dans ces allées voîlées, où le jour ne s'insinue qu'à peine : on dirait qu'il existe une consonnance secrète entre le repos du cœur et le bocage demi-couvert. La splendeur d'un jour radieux semble tirer l'homme hors de lui ; le crépuscule, au contraire, le rappelle à lui-même.

Dans certains points, la vue s'échappe, et les regards, distraits par tant d'objets, reviennent sans cesse sur ce canal, qui tantôt brille au loin, à travers le feuillage, comme une nappe de lumière, tantôt, roulant sur les rochers où son passage éveille mille échos, se fait distinguer de l'ombre qui l'entoure, par la blancheur de son écume.

Cette solitude est ornée de quelques constructions en rapport avec le caractère du lieu. Dans un endroit, on trouve une chaumière, formée de troncs d'arbres raboteux et encore revêtus de leur écorce. Le mur est façonné, dans leurs intervalles, d'une terre argileuse, tenace, dans laquelle sont incrustés, avec trop d'ordre peut-être, des cailloux irréguliers.

A côté, sont deux rochers au milieu

desquels monte un chemin sinueux. L'un d'eux porte cette inscription, aussi vraie que simple, et surtout bien analogue au sentiment qu'inspire la chaumière:

Consacrer dans l'obscurité
Ses loisirs à l'étude, à l'amitié sa vie :
Voilà les jours dignes d'envie.
Être chéri vaut mieux qu'être vanté.

Un peu au-dessus se prolonge une terrasse dont la maison du propriétaire de la Garenne occupe le milieu. Cette terrasse offre une vue agréable et d'autant plus précieuse que ce sont les lointains qui manquent à Clisson. Qu'on s'y arrête donc pour dire adieu à ce site dont on va se séparer peut-être pour longtemps, mais du moins comme d'un ami qu'on espère revoir encore.

Tous les objets qu'on a vus l'un après l'autre se représentent là dans leur ensemble. L'obélisque termine au sud-est la terrasse qu'il semble agrandir indéfiniment, en paraissant en faire partie lui-même ; au sud est la chapelle de la Magdelaine du Temple, qui appartenait, comme tant d'autres, à ces Templiers, si fameux par leurs richesses, plus encore par leur supplice, et auxquels ont succédé les chevaliers de Malte. A côté se découvre l'ancien musée, plus loin le mausolée érigé à la mémoire de celui qui l'a créé, pour que l'œil discernât dans un même lieu l'édifice modeste qui a valu à Clisson sa renommée et l'endroit où sera inhumé l'homme bienfaisant qui en a été en quelque sorte le génie tutélaire. C'est ainsi que, chez les anciens, les tombeaux des hommes chers à la patrie étaient exposés aux yeux de tous, afin que ces monuments gardassent le souvenir de leurs vertus ou de leurs bienfaits, et invitassent d'une manière muette, mais éloquente, à les imiter.

Enfin, en terminant le cercle, on rencontre le château ; on voit se déployer tout entière la ville, bâtie sur plusieurs collines interrompues par les eaux et les masses de verdure. On admire encore une fois ces toits aplanis qui s'unissent aux lignes de l'horizon, ces briques qui lient de ton les bâtiments et le paysage, l'heureux mélange de toutes ces teintes, l'élégance de toutes ces formes. Là chaque portion est ordonnée à part, et le tout produit une harmonie parfaite. La variété n'y dégénère point en confusion, et jamais un aspect monotone n'y détruit l'enchantement. La maison du jardinier de la Garenne est confondue avec ces toits rougeâtres : tout a pris une livrée commune, et l'on rassemble, pour ainsi dire, par la vue, toutes ces demeures étrangères l'une à l'autre, comme ces peintres qui groupent les mêmes costumes dans un même tableau.

Il ne reste plus rien à visiter dans ce charmant séjour. Cependant, que de choses qu'on n'y a pas vues ! C'est en vain que les mêmes objets ont reparu plusieurs fois, la scène change partout, suivant la place du spectateur, et cette place n'est jamais la même pour tous. Les impressions dont on est affecté dépendent des heures du jour, de l'instant de l'année où l'on a observé ce site champêtre, et un froid itinéraire ne peut retracer tout cela.

Néanmoins, ce qu'on a aperçu suffit pour que les émotions que l'on a reçues ne sortent plus de la mémoire. On a quitté Clisson, et l'imagination frappée revient toujours à cette vallée qui occupe la vue par tant d'accidents, qui nourrit l'esprit de tant de souvenirs. On croit revoir encore ces maisons qui se dessinent avec tant de grâces sur l'ombre des bocages, ces eaux bruyantes ou paisibles qui agitent l'âme ou la calment tour-à-tour, ces ruines pittoresques auxquelles s'attache un nom célèbre à jamais dans l'histoire, ces rochers courbés en voûtes qui rappellent un nom plus cher à la poésie et aux amours, ces ouvrages de l'art enfin, ces productions d'un goût éclairé, si dignes du tableau qu'elles ont embelli.

# Notice sur M. Cacault.

François Cacault naquit à Nantes, en 1742. Il fut baptisé sous le nom de Françoise Cacault ; on ne s'aperçut de l'erreur commise relativement à son sexe qu'après plusieurs années, et il fallut une longue enquête pour obtenir la rectification de son acte civil. Nantes offrait alors des moyens d'instruction qui faisaient honneur à cette grande ville: M. Cacault en profita. Il avait du goût pour le dessin; l'architecture militaire fut l'objet auquel il s'attacha dans sa jeunesse. A l'âge de 20 ans il se rendit à Paris. Il commença sa carrière honorable par une place de professeur de fortifications à l'école militaire, où il entra en 1764. En 1766, il fut nommé inspecteur des études et exerça ces fonctions concurremment avec celles de professeur. Sous ce double rapport, il reçut des marques spéciales de la satisfaction du conseil d'administration. En 1769, on introduisit dans l'école un nouveau plan d'études : M. Cacault se retira. L'école lui faisait cent pistoles de pension. Cet avoir, qui paraît modique à ceux dont les vœux sont sans bornes, était vraiment une fortune pour un ami de la sagesse. Une affaire d'honneur l'ayant forcé de s'expatrier dans la même année, il entreprit de parcourir l'Europe : sa pension lui suffit assez longtemps pour satisfaire ce désir : il visita l'Allemagne, la Sicile, l'Italie. Comme il portait dans ses voyages un esprit déjà mûr, il revint avec des connaissances très-étendues, très-variées, et telles qu'on peut les attendre d'un homme qui a vu le monde avec des yeux très exercés. C'était un mérite assez rare ; beaucoup de gens courent la poste, peu d'hommes savent voyager.

Revenu en France en 1775, M. Cacault fut attaché comme secrétaire au Gouvernement de Bretagne, dont était alors pourvu le maréchal d'Aubeterre. Il resta avec lui jusqu'à sa mort. La bonne conduite qu'il tint dans l'exercice de cette place, les connaissances positives qu'il avait acquises dans ses voyages, celles qu'il s'était procurées par un travail très-assidu, lui valurent un trésor d'autant plus flatteur qu'on ne saurait jamais le devoir qu'à soi-même, c'est-à-dire une bonne réputation. M. Cacault avait donc fait ses preuves, et dans plus d'un genre, quand il fut nommé secrétaire d'ambassade à Naples, où il remplaça M. Denon, en 1785, sous M. de Talleyrand. Il fut chargé d'affaires dans cette résidence au commencement de 1788, pendant l'absence de ce ministre. Quand il cessa ces fonctions, en 1789, le Gouvernement lui témoigna d'une manière particulière sa satisfaction de ses services. Il fut chargé une seconde fois des affaires de France à Naples en 1791, jusqu'à l'arrivée de M. de Mackau, ministre plénipotentiaire, avec lequel il resta en qualité de secrétaire de légation.

Jeté dans des circonstances difficiles, au moment de l'effervescence et des désastres de la révolution, M. Cacault remplit ses devoirs de manière à mériter l'estime des ministres napolitains et à obtenir le suffrage des nombreux émigrés qui se trouvaient alors à Naples. Dans ces temps désastreux, on l'accusa pour prix de ses services. Pour justifier sa conduite, il se borna à écrire au Gouvernement : « J'ai eu toutes les épines, toutes les » charges et les difficultés de la légation » de Naples ; j'ai soutenu, sans jamais

» fléchir, un intervalle que tout rendait
» difficile ; ma conduite a toujours été
» droite et mon patriotisme naturel et
» vrai. »

En janvier 1793, il fut nommé chargé d'affaires à Rome et fut présenté au Saint-Père en cette qualité, le 14 thermidor an IV. Il s'acquitta avec honneur de cette mission délicate.

Nommé ministre plénipotentiaire à Florence, en 1796, il se fit aimer de la cour de Toscane et des habitants de Florence. Il fut nommé ensuite ministre plénipotentiaire auprès du Saint-Père.

Revenu en France, il fut élu par le département de la Loire-Inférieure, en 1798, député au conseil des Cinq-Cents ; il y présenta, le 15 août, un projet sur le mode de reddition des comptes des ministres ; après la révolution du 18 brumaire, il fit partie du nouveau corps législatif, et fut encore envoyé à Rome, l'année suivante, en qualité d'ambassadeur. Il y resta deux ans.

Appelé, en 1803, à présider le collége électoral de la Loire-Inférieure, l'estime générale que M. Cacault avait obtenue ne pouvait échapper à ses compatriotes, qui le présentèrent comme candidat au sénat conservateur, où il fut appelé le 6 avril

1804. Il mourut à la Magdelaine, près Clisson, le 5 octobre 1805, âgé de 63 ans. M. de Belleville, préfet de la Loire-Inférieure, en écrivant au président du Sénat pour lui apprendre la mort de M. Cacault, s'exprima ainsi : « Tous les habitants de » Nantes ont reçu cette fatale nouvelle » comme des enfants reconnaissants ap» prennent la mort d'un père chéri et » respecté. Il n'est aucun de nous qui » n'ait reçu quelques marques d'obli» geance de M. le sénateur Cacault; aussi » l'éloge de ses vertus est dans toutes les » bouches, et les plus profonds regrets » sont dans tous les cœurs. »

Malgré les places importantes que M. Cacault occupa à différentes époques et les études sérieuses qu'il faisait pour les remplir convenablement, il avait trouvé le moyen de donner encore du temps à la connaissance des beaux-arts. Il avait, dans cette partie, ce qu'il n'est pas commun de trouver réuni dans le même degré, un goût vif et un tact éclairé. Les amateurs ne manquent pas, les vrais connaisseurs sont rares. M. Cacault n'avait pu voir l'Italie sans y puiser l'amour des arts : il en parlait en homme très-passionné ; il en jugeait en homme instruit. Le souverain Pontife, qui connaissait son goût pour les belles productions du génie, lui avait fait présent d'un morceau de mosaïque d'un grand prix, représentant le colysée; ce beau morceau était estimé 2000 piastres. M. Cacault avait rassemblé, pendant 30 ans, une riche et superbe collection de tableaux, de gravures anciennes et modernes, de statues, de bustes en marbre et de belles copies en plâtre et en terre cuite. Il avait fait construire exprès à Clisson d'immenses galeries, où son frère, aussi ami des arts et qui cultivait avec succès celui de la peinture, avait placé avec goût tous ces tableaux. C'est au moment où il voulait achever d'organiser dans sa patrie ce beau présent fait à l'instruction publique, que la mort est venue le surprendre. Son musée a été acheté par la ville de Nantes, en 1810.

M. Cacault sera longtemps regretté de ses compatriotes. Il avait des amis : sa société était douce, parce qu'il n'était pas exigeant pour lui-même, quoi qu'il tînt fort à ses principes en morale comme en physique. Son instruction étendue le faisait rechercher de ceux qui aiment les beaux-arts.

M. Cacault a donné : *Poésies lyriques* de Ramler, traduites de l'allemand, Berlin,

1777, in-12; *Dramaturgie* ou *Observations critiques sur plusieurs pièces de théâtre,* traduite de l'allemand de Lessing, par un français, et publiée par M. J. (G. A. Juncker), Paris, 1785, 2 vol. in-12. Il est auteur de plusieurs *rapports* faits au conseil des Cinq-Cents.

---

# Notice sur M. Lemot.

François-Frédéric Lemot naquit à Lyon, le 4 novembre 1773. Il était fils de Jacques-Frédéric Lemot, maître menuisier, et d'Elisabeth Melon. Il n'avait pas encore atteint l'âge de 12 ans lorsqu'il quitta cette ville pour suivre son père à Paris. Quelques jours après son arrivée dans la capitale, il obtint la faveur d'être reçu à l'école gratuite de dessin que dirigeait alors M. Malhortie. A l'aide de cette activité infatigable qui, secondée par le talent, le rendit seul l'auteur de sa grande fortune, non seulement il fit de rapides progrès, mais il trouva le moyen, tout en se livrant avec zèle à l'étude, de profiter de l'instruction qu'il acquérait chaque jour. Il se mit à fournir des dessins aux fabricants de papiers de tenture, et, dans ces dessins mêmes, faits à la hâte, mais avec correction, il mettait à profit les principes d'une bonne école. En outre, il imagina de faire des *terrines* ou figures en terre cuite pour l'ornement des jardins.

Doué des plus heureuses dispositions et en donnant constamment des preuves, il était cependant fort incertain, comme on l'est d'ordinaire à cet âge, sur le genre qu'il devait adopter en entrant dans la carrière des arts, lorsqu'une circonstance singulière vint heureusement arrêter son choix. Doué de cet instinct du génie qui annonce souvent les grands artistes dès leurs plus jeunes années, il avait compris qu'on ne réussit dans les beaux-arts qu'en joignant à l'étude de la nature l'étude des bons modèles. Aussi, cherchait-il à les copier, partout où il en trouvait l'occasion, et surtout dans les lieux où il pouvait se livrer à ce travail avec tranquillité, loin du tumulte de la ville. Un jour, étant allé dans le parc de Sceaux, pour y dessiner le fameux *Hercule Gaulois* du Puget, que renferme le bosquet de la fontaine d'*Eole* et de *Scylla*, il y fut surpris par MM. Jullien et Dejoux, deux de nos plus habiles statuaires, qui se plurent à examiner son dessin. Le jeune Lemot répondit aux questions qu'ils lui adressèrent de manière à exciter vivement leur intérêt en sa faveur. Cet intérêt fut porté à un tel degré que MM. Jullien et Dejoux délibérèrent un instant pour savoir lequel des deux se chargerait de l'aimable enfant. M. Dejoux lui proposa alors d'entrer à son école : comme on le pense bien, cette proposition fut accueillie avec autant d'empressement que de reconnaissance.

Les succès de l'élève justifièrent cette protection inespérée et, cependant, moins due au hasard qu'au talent de celui qui en était l'objet. Il y avait à peine trois ans qu'il travaillait sous la direction de M. Dejoux, lorsqu'en 1790 il osa concourir pour le grand prix. Le sujet proposé par l'Académie était le *Jugement de Salomon*. Le jeune Lemot réunit le plus grand nombre de suffrages : le prix lui fut décerné. Quand on l'appela pour recevoir sa couronne, on vit s'avancer un enfant vêtu d'un méchant habit marron à manches beaucoup trop courtes pour sa taille et contrastant avec la mise plus élégante de ses concurrents. Cette simplicité sembla augmenter l'intérêt en sa faveur. On s'étonnait d'un semblable triomphe, obtenu dans un âge aussi tendre. Le jeune lauréat devint le sujet de toutes les conversations à Paris et à la cour. La reine de France désira le voir ; il eut l'honneur de lui être présenté et fut accueilli par elle avec cette gracieuse bienveillance que Marie-Antoinette se plaisait à témoigner à tous les artistes de mérite.

Le bas-relief de M. Lemot présente trente-six figures. Salomon, les deux femmes, et le soldat auquel il ordonne de couper l'enfant, sont sur le premier plan. Le temple est coupé dans sa longueur, et le Roi, assis sur son trône, est vu par côté. La mauvaise mère lui présente l'enfant, et semble souscrire avec empressement à l'arrêt prononcé; tandis que la bonne mère paraît muette et plongée dans la plus vive douleur. Autour du trône et dans le fond, entre les colonnes du palais, des israélites forment divers groupes.

A la suite de ce brillant succès, M. Lemot partit pour Rome en qualité de pensionnaire du roi. — Depuis près de trois ans il y poursuivait tranquillement le cours de ses études, quand la révolution éclata en France. On sait que les puissances étrangères furent loin d'approuver les changements opérés dans les institutions de notre pays. Le pape Pie VI et le peuple de ses états ne s'y montrèrent pas favorables; et, lorsque l'ambassadeur de la république française

(Hugon de Basseville) se rendit à Rome, il devint victime de la haîne qu'on y portait à sa nation. Insulté par la populace, presqu'à chaque fois qu'il sortait de son hôtel, il fut, le 13 janvier 1793, poursuivi à coups de pierres jusqu'à la maison du banquier *Monette*. Un perruquier l'atteignit alors et le frappa dans le bas ventre d'un coup de rasoir dont il mourut au bout de trente-six heures. Bientôt après, la populace, dont on n'arrête jamais les excès quelle que soit la cause pour laquelle on la fait agir, se porta à l'Académie de France ; elle maltraita tous ceux des élèves qu'elle y rencontra, et ces jeunes gens, parmi lesquels était M. Lemot, furent obligés, pour mettre leur vie en sûreté, de se réfugier d'abord à Naples, et ensuite à Florence.

Arrivés dans cette dernière ville, dénués de tous moyens, craignant même de rentrer en France, ils chargèrent M. Lemot de s'adresser, en leur nom, à M. Cacault, envoyé de la république auprès du grand duc de Toscane, afin d'en obtenir des secours.

Il était difficile de prévoir alors que la protection accordée par l'ambassadeur français au jeune artiste son compatriote, servit un jour à attirer celui-ci dans la ville qui doit le commencement de sa célébrité à M. Cacault, que M. Lemot était appelé à remplacer comme bienfaiteur de Clisson.

M. Cacault engagea M. Lemot à partir pour Paris, afin d'y solliciter du Gouvernement une pension suffisante pour permettre aux malheureux élèves de l'Académie d'achever leurs études en Italie. Ce voyage présentait de grands dangers : M. Lemot ne les calcula pas ; il se mit en route, et il arriva dans la Capitale au moment de la première réquisition. Atteint par cette mesure, il n'eut que le temps d'obtenir pour ses camarades la pension qu'il était venu solliciter, et il fut envoyé à l'armée que Pichegru commandait sur le Rhin. On l'y employa dans l'artillerie; il était aux avant-postes de cette armée quand, en 1793, il reçut l'ordre de revenir à Paris pour y concourir à l'exécution d'une statue colossale en bronze, représentant *le peuple français sous la figure d'Hercule.* On avait le projet d'élever cette statue sur le terre-plein du *Pont-Neuf.* L'érection en fut proposée par le peintre David, à la Convention Nationale, et, dans sa séance du 17 novembre 1793, elle décréta que le bronze de cette figure, de cinquante pieds de proportion, serait *fourni par la victoire.* M. Lemot en fit le modèle en petit ; un jury l'adopta : nous ignorons quelles circonstances en empêchèrent l'achèvement. Le statuaire retira du moins de ce projet le précieux avantage de se livrer à une étude particulière et approfondie de l'art de la fonte, dont il devait plus tard faire un si bel usage.

Sous le Directoire, M. Lemot modela en plâtre, pour la salle du *Conseil des Cinq-Cents,* la statue de *Numa Pompilius.* Sous le Consulat, il plaça dans la salle du Tribunal une statue de sept pieds de proportion, représentant *Cicéron* au moment où l'orateur romain, muni des preuves de la conspiration de Catilina , en dévoile toutes les trames au Sénat.

Il exécuta en 1804 sa statue de *Léonidas aux Thermopyles* , citée comme une des plus belles figures qui soient sorties de l'école française.

A la même époque, il composa pour le vestibule du Palais du Sénat Conservateur, un bas-relief représentant deux Renommées, dont on admire le style et le dessin.

Sous l'Empire il fut chargé de modeler,

pour la salle des séances du Corps Législatif, les statues de *Lycurgue* et de *Brutus*, toutes deux de six pieds de proportion, et dans lesquelles les connaisseurs remarquèrent une grande énergie de caractère, un dessin correct, des draperies d'un style excellent. Il fit aussi, pour la tribune de la même salle, un bas-relief allégorique, en marbre, d'une composition très bien ordonnée. Le *buste de la Liberté,* posé sur un socle élevé, occupe le milieu de cette composition. Au dessous est un médaillon offrant l'image de Janus. De chaque côté, une figure de femme, de grandeur naturelle, la *Renommée* et *l'Histoire*, publient les hauts faits des armées françaises. Enfin deux enseignes militaires, surmontées d'un coq aux ailes déployées, ornent le fond de ce bas-relief qui, tout-à-fait dans le goût du célèbre Jean Gougeon, passe pour un des plus beaux morceaux de son auteur.

Dès l'année 1799, M. Lemot et M. Chaudet avaient été chargés, par le gouvernement consulaire, de l'exécution d'un *char de la Victoire,* qui devait être érigé sur la *place des Victoires,* à Paris, en remplacement de la statue pédestre.

de Louis XIV, renversée par suite du décret de l'Assemblée nationale. Ce projet fut abandonné pour orner la même place de la statue colossale en bronze, du général Desaix. Cependant, M. Lemot continua de travailler au char qu'il exécuta seul ainsi que deux figures de *la Victoire* et de *la Paix*. Ces trois morceaux, en plomb doré, qui furent ajoutés aux *chevaux antiques de Venise*, sur l'arc de triomphe de la *place du Carrousel*, restèrent peu de temps en place: nous ne connaissons pas les causes qui les firent enlever.

Au commencement de 1809, M. Lemot termina le *grand fronton de la colonnade du Louvre*, que l'on regarde comme le plus bel ornement ajouté à ce palais par la main des modernes, et qui est peut-être le plus magnifique morceau de sculpture monumentale connu. Sa longueur est de soixante-quatorze pieds sur quatorze de hauteur, non compris les corniches. Il représentait les muses entourant le buste de Napoléon et lui offrant leurs hommages; mais, en 1814, ce buste a été remplacé par celui de Louis XIV. Voici la description de cet immense bas-relief, tel qu'il existe actuellement.

Le buste colossal de Louis XIV occupe la partie supérieure du fronton : il pose sur un cippe au pied duquel est assise la figure de la Victoire, tenant des palmes et des couronnes. De chaque côté sont les muses partagées en deux groupes (elles ont chacune neuf pieds et demi de proportion). Minerve invite les chastes sœurs à célébrer la gloire du fondateur du Louvre. A gauche du spectateur est Clio inscrivant sur le cippe, avec le burin de l'histoire, le nom du monarque protecteur des lettres et des beaux-arts. Derrière elle, Melpomène et Calliope, se tenant par la main, semblent prendre part à l'action de Clio, tandis que Polymnie, enveloppée de son manteau à la manière antique, médite sur l'élévation de ce monument, et qu'Uranie indique du doigt, sur un globe céleste posé sur ses genoux, la constellation, sous laquelle est né le grand Roi. A droite du spectateur, Minerve, tournée vers l'autre groupe, est élevée, comme la muse de l'histoire, sur un des degrés du cippe. Terpsichore et Euterpe obéissent à la déesse par des danses et des chants de reconnaissance et d'admiration. Erato, inspirée par l'amour, son génie particulier, fait résonner la lyre que Thalie écoute avec émotion. — Il était difficile de placer des figures qui se liassent à l'action dans les extrémités qui terminent les deux angles parallèles: ils sont occupés par deux génies qui tiennent, d'une main, l'un un caducée, l'autre un flambeau; tous deux une guirlande de fruits et de lauriers. Ce genre de décoration rappelle, d'ailleurs, celui qui avait précédemment été employé dans l'intérieur de la cour du Louvre.

Avant d'avoir conçu et exécuté ce bas-relief, M. Lemot, quoique jeune encore, tenait déjà un rang distingué dans l'art. Mais cette application de la sculpture parut une des plus difficiles et des plus majestueuses. Cette composition valut à M. Lemot les honneurs du prix décennal, et lui assigna la place que Jean Gougeon avait laissée vacante depuis deux siècles et demi.

Tant de travaux, tous exécutés avec la réussite la plus complète, avaient acquis à M. Lemot une haute réputation, et sa place était déjà marquée à l'Institut, lorsque le 3 juin 1809, il y remplaça M. Pajou. Cette succession lui appartenait : comme son prédécesseur, il s'était élevé au premier rang par son talent seul, après avoir donné l'exemple semblable d'un triomphe obtenu à un âge où les autres artistes commencent leurs études : M. Pajou avait dix-huit ans quand il obtint le premier grand prix, M. Lemot n'avait que dix-sept ans lorsque le même prix lui fut décerné ; ce qui ne s'était point encore vu depuis la fondation de l'Académie.

Peu de temps après l'achèvement du Louvre, M. Chaudet, qui remplissait à l'Ecole des Beaux-Arts de Paris la place de professeur de sculpture, vint à mourir, et, par décret du 8 septembre 1810, M. Lemot fut nommé son successeur.

A l'exposition de 1811, M. Lemot fit paraître la statue de Murat, alors Roi de Naples. Il donna à la figure théâtrale de ce guerrier, un des plus beaux hommes de son temps, un caractère héroïque ; et le costume, beaucoup plus pittoresque que l'habit ordinaire, lui fournit le moyen d'accuser le nu sans sécheresse. Il sut adroitement indiquer la fonction de grand amiral, dont Murat était revêtu, en donnant à la garde de l'épée la forme d'une proue antique.

Il offrit à la même exposition le dessin de son fronton de la colonnade du Louvre : on y reconnut que l'artiste pénétré du sentiment du beau, avait mis en pratique les principes de la belle sculpture grecque.. Nous aurons lieu de remarquer que le style de M. Lemot était constamment classique, mais sans imitation servile.

Il exposa au Salon de 1812 deux statues en marbre, demi-nature, que l'on cita parmi les plus beaux morceaux de l'exposition. La première est *une femme couchée et plongée dans une douce rêverie.* La pose est pleine de charme et d'abandon. La seconde est une *Hébé versant le nectar à Jupiter transformé en aigle.*

Dans ces mêmes années il s'occupa des sculptures de l'arc-de-triomphe construit sur le pont de Châlons-sur-Marne. Ce monument, dans la campagne de 1814, fut détruit par les armées russe et prussienne.

Indépendamment de tous ses ouvrages, on doit à M. Lemot le buste colossal de Jean-Bart, élevé sur la place d'armes de Dunkerque, et le modèle en plâtre de la statue du général Corbineau, aide-de-camp de Napoléon, tué à la bataille d'Iéna. Cette dernière statue devait, avec celles de quelques autres généraux français, servir à la décoration du *pont Louis XVI,* alors *Pont de la Révolution.*

A la rentrée de Louis XVIII en France, on exprima à Paris le vœu de voir rétablir sur le Pont-Neuf, la statue équestre en bronze de Henri IV, au moyen d'une souscription ouverte dans toute l'étendue du royaume. Ce vœu ayant été accueilli par le Roi, un comité fut nommé et fit choix de M. Lemot pour l'exécution de la statue. Celui-ci présenta à la classe des Beaux-Arts de l'Institut un devis dont tous les articles furent approuvés, et, le 3 janvier 1815, il passa un marché avec le comité, au prix de 337,860 francs. Dans le courant du même mois, il acheva son petit modèle en terre, et le fit couler en plâtre. Des commissaires nommés par le comité de souscription, se rendirent dans son atelier pour examiner ce modèle, de quatre pieds de longueur environ, ce qui le mettait au quart du monument. Ils remarquèrent que le statuaire avait conservé avec une exactitude scrupuleuse l'ensemble de l'ancienne statue, quant à l'allure du cheval, à l'attitude du cavalier et à son costume ; mais que le mouvement du cheval avait plus de grâce, d'action et de vie, et que les formes en étaient généralement d'un plus beau choix; que l'attitude du cavalier avait plus d'aisance et de noblesse, et qu'en restant fidèle à la vérité du costume, qui exigeait que le prince fût revêtu de son armure, M. Lemot avait su en rompre l'uniformité en donnant à l'écharpe jetée par-dessus, plus de légèreté. La physionomie de Henri leur parut parfaitement saisie : ils retrouvèrent dans ses traits ce mélange de grâce, de bonté et de noblesse qui le caractérisait. Enfin, l'ensemble du modèle leur parut digne des talents de celui à qui le comité en avait confié l'exécution, et propre à répondre aux intentions des souscripteurs et au vœu de la France. Tels furent les éloges consignés dans leur rapport.

Pendant les cent jours, M. Lemot ne cessa pas un instant de travailler à son grand modèle, et un fait bien remarquable, c'est que, sur la proposition du comte de Bondy, alors préfet de la Seine, le ministre Carnot lui fit payer une somme de 21,870 francs qui lui étaient dus pour les travaux, en plâtre, des modèles du cheval. Le grand modèle fut terminé en avril 1816.

Le 3 août suivant, le roi ayant établi auprès du ministère de sa maison un conseil honoraire composé d'artistes et d'amateurs, M. Lemot fut choisi pour en faire partie, et reçut la décoration de chevalier de la Légion-d'Honneur.

Le 6 septembre, les princes allèrent

à l'atelier du statuaire. S. A. R. MONSIEUR en lui adressant les paroles les plus flatteuses sur la beauté de son modèle, entra dans beaucoup de détails sur l'ancienne statue et accorda tout l'avantage à la nouvelle.

A la fin de cette même année, M. Lemot fut créé chevalier de l'ordre de Saint-Michel, ordre spécialement destiné, disait l'ordonnance du 16 novembre 1816, à servir de récompense et d'encouragement aux Français qui se distinguent dans les lettres, les sciences et les arts.

Les opérations préliminaires de la fonte de la statue d'Henri IV commencèrent le 18 mars 1817, et l'entière opération de la fonte eut lieu le 6 octobre avec un succès complet.

Le 13 mars 1818 elle fut extraite de la fosse et livrée au ciseleur, qui n'acheva son ouvrage qu'à la fin de juin.

Le 14 août, à neuf heures du matin, la statue, contenue par une forte charpente et placée sur un traîneau, partit de la fonderie royale du faubourg du Roule, pour se rendre sur le Pont-Neuf. On y avait attelé vingt paires de bœufs; cependant, à six heures du soir, l'énorme fardeau, qu'on évaluait à quarante milliers, n'avait pas dépassé l'extrémité de l'avenue de Marigny aux Champs-Élysées, et tous les efforts avaient été inutiles pour tourner l'avenue de Neuilly. La multitude, qui ne sait jamais contenir son impatience, demanda à grands cris qu'on attachât des cordes aux poutres du traîneau ; elle s'empara alors de ces cordes, détela les bœufs, et en moins d'une demi-heure la masse fut conduite sous les fenêtres du pavillon de Flore aux Tuileries. Après une halte, le fardeau fut de nouveau traîné jusqu'en face du Pont-des-Arts. Mais dans ce trajet, quelques accidents ayant eu lieu, ce moyen expéditif ne fut plus employé. La statue ne fut remise en mouvement que le 17, à l'aide d'un attelage de soixante forts chevaux choisis parmi ceux habitués à remonter les bateaux sur la Seine. Elle arriva ainsi paisiblement, dans la soirée, en face du terre-plein du Pont-Neuf, et le lendemain elle fut placée sur son piédestal.

Le 25 août, le monument fut solennellement inauguré en présence du Roi, de la famille royale, des premiers dignitaires du royaume et d'une foule innombrable de spectateurs. Tous les journaux, en rendant compte de cette cérémonie, s'accordèrent sur l'impression que produisit la statue au moment où, découverte, elle frappa la vue d'un public immense. L'effet répondit à l'attente générale, et ce fut un jour de gloire pour l'artiste. Il y eut unanimité sur l'accord et l'harmonie des deux figures, qui ne semblent en faire qu'une ; sur le naturel, la grâce, la noblesse de la figure principale ; sur le caractère héroïque donné à la tête, sans en exclure cette ressemblance qui était ici le premier mérite, et cet air de bonté qui en sera toujours le trait distinctif; sur la beauté des proportions du cheval, la richesse de son encolure, sa fierté, son mouvement : sa tête respire ; il semble dire : Je porte un héros, le sauveur et l'amour de la France.

Les critiques, qui croiraient se compromettre s'ils étaient jamais d'accord avec l'opinion publique, vinrent plus tard mêler quelques reproches à l'admiration générale ; mais ces reproches ne s'adressèrent qu'au cheval. Ils trouvèrent que l'artiste n'avait pas donné des formes assez fines à l'animal, sans examiner que le cavalier, couvert de fer de la tête aux pieds, monte un robuste cheval de bataille, comme étaient tous ceux de son temps, et non point un de ces coursiers agiles que la mode nous a amenés d'Angleterre. Il existe encore des gravures assez fidèles de l'ancienne statue équestre de Henri IV. Le cheval était l'ouvrage de Jean de Bologne. Or, il suffirait d'exposer ces gravures pour réduire les critiques au silence, ou plutôt pour les forcer de convenir que Jean de Bologne, élève du grand Michel-Ange, n'avait pas mieux fait.

A la suite de l'inauguration de la statue de Henri IV, le Roi envoya à M. Lemot, comme un gage de sa satisfaction, un exemplaire du magnifique ouvrage de l'expédition d'Egypte.

Les bas-reliefs du monument ne furent mis en place qu'après le revêtement en marbre du massif qui le supporte. Ces bas-reliefs sont aussi en bronze : l'un représente *Henri IV laissant entrer des vivres dans Paris dont il faisait le siége;* l'autre, *son entrée dans la capitale*. Ces deux morceaux, d'une belle exécution, ont chacun 9 pieds 6 pouces de longueur sur 4 pieds de hauteur. Ils furent fondus d'un seul jet. Le marché en avait été passé, le 5 juin 1816, au prix de 40,000 francs.

Le 3 octobre 1818, M. Lemot présida la séance publique annuelle de l'Académie des beaux-arts, pour la distribution des grands prix. Au moment où il occupa le fauteuil, un murmure flatteur s'éleva dans l'assemblée, et fut suivi de nombreux applaudissements. La satisfaction publique se témoignait ainsi à l'artiste qui venait d'élever un monument de reconnaissance nationale, digne, par la beauté de son exécution, du sujet qui l'avait inspiré.

M. Lemot est l'auteur de plusieurs autres productions très-remarquables, notamment d'une statue colossale *d'Apollon*, en marbre.

Il a fait, pour la chapelle expiatoire, construite à Paris, dans la conciergerie, l'esquisse entière d'un groupe de Marie-Antoinette se jetant dans les bras de la Religion. Enfin, si les élèves d'un artiste doivent être mis au nombre de ses ouvrages, il faut citer à la tête de ceux formés par M. Lemot, l'auteur de la belle statue *d'Ajax*, l'habile Carles Dupaty, que la mort frappa peu de temps avant son maître.

Il était naturel que le ciseau qui avait retracé l'image de Henri IV, reproduisit celle de son petit-fils : M. Lemot fut choisi par le conseil général du département du Rhône, pour l'exécution d'une statue équestre de Louis XIV, destinée à remplacer l'ancienne statue de ce monarque, renversée pendant la révolution. Ainsi M. Lemot devait léguer à sa ville natale son dernier chef-d'œuvre.

Aussitôt après le traité passé le 17 avril 1820, au prix de 373,750 francs, il s'occupa du grand modèle qui fut terminé en 1823, et peu de temps après coulé en bronze. Le ciseleur venait d'y mettre la main, lorsque le Roi de prusse Frédéric-Guillaume, qui était venu passer quelques jours à Paris, désira le voir. Frappé de la perfection du travail de M. Lemot, ce prince lui adressa ces paroles : *Quand on a fait un aussi bel ouvrage, on coule sa réputation en bronze.*

Le 2 octobre 1825, la statue chargée sur un fardier construit exprès et attelé de trente chevaux sortit de la capitale ; le 15, elle arriva à Lyon. Elle fut aussitôt placée sur son piédestal, et l'inauguration eut lieu, avec une grande solennité, le 6 novembre.

Ce monument a environ dix-huit pieds : cette proportion était nécessaire pour le mettre d'accord avec l'étendue de la place au milieu de laquelle il se trouve. Louis XIV, revêtu d'un costume héroïque, a la main droite appuyée sur le bâton royal, et tient de la main gauche les rênes du cheval. Une longue chevelure, antique parure des rois de France, flotte sur les épaules du monarque. Il est représenté à l'âge où, protecteur des arts, arbitre des destinées de l'Europe, il attirait les regards de tous les peuples, le respect des souverains et l'admiration de ses sujets. Sa physionomie, d'une ressemblance frappante, offre une expression noble, imposante, et le calme qui convient à la majesté royale. Le manteau, dont les draperies sont savantes et disposées avec goût, est attaché sur l'épaule droite et relevé sur la gauche; il flotte avec grâce par l'effet de l'agitation que lui donne la marche du cheval au trot. On ne remarque pas moins, dans le nu des autres parties, le grandiose des formes que la perfection de tous les détails. — Le cheval, d'une taille haute et forte sans être lourd, tout à la fois vigoureux et léger, fier et ardent sans être fougueux, s'élancerait s'il n'était retenu par la main à laquelle il obéit. Sa tête est pleine d'expression : on l'entend hennir, on voit le mouvement dans toutes les parties de son corps, dans ses muscles, dans sa crinière; et, lorsqu'on le considère dans son ensemble, on reconnaît que l'artiste ayant étudié les belles formes dans la nature, mais sans s'attacher à aucun modèle particulier, en a fait un dont le type n'existe pas, mais qui offre la réunion des formes les plus parfaites. On ne peut le nier, ce cheval est bien supérieur à celui de Henri IV : c'est que M. Lemot avait mis à profit les études auxquelles il avait été obligé de se livrer pour le premier.

Toutes les parties de ce monument annoncent une composition hardie et facile. A ce mérite d'exécution, M. Lemot ajouta celui d'une célérité de travail dont lui seul avait donné l'exemple. Avant lui, une statue en bronze était, pour ainsi dire, un monument qu'une génération préparait pour la suivante. Les travaux de la sculpture et de la fonte étaient toujours confiés à deux personnes. M. Lemot fut le premier qui réunit au talent d'un sculpteur les connaissances variées de théorie et de pratique qu'exige l'art du fondeur. Il mit dans les travaux de ses modèles et du bronze une telle rapidité que la statue de Henri IV fut terminée en quatre années, et celle de Louis XIV en moins de trois ans et demi. A la suite de ce grand travail, il reçut la décoration d'officier de la Légion-d'Honneur.

M. Lemot n'était pas seulement un

habile statuaire : plein d'esprit et d'instruction, il possédait encore le talent d'écrire avec infiniment de goût et de facilité. Sa correspondance présente beaucoup de naturel et toute la politesse de l'homme du monde. On sait qu'il est auteur de la *Notice historique sur la ville et le château de Clisson*; un volume in-12, imprimé à Paris en 1812, chez P. Didot, dont la seconde édition a été publiée in-4°, en 1817, sous le titre de *Voyage pittoresque dans le bocage de la Vendée, ou vues de Clisson et de ses environs, dessinées, d'après nature, par Thiénon, et gravées par Piringer.* — C'est un ouvrage agréable qui intéresse aux lieux qu'il décrit et dont il donne l'histoire, qui inspire le désir de les connaître , et surtout le regret d'en être éloigné.

La statue de Henri IV et celle de Louis-le-Grand avaient mis le comble à la réputation de M. Lemot; il se voyait, jeune encore, comblé d'honneurs ; la fortune ne lui avait point été infidèle; doué d'un caractère ferme , franc , généreux, il semblait devoir vivre longtemps encore pour le bonheur de sa famille et de ses amis, lorsqu'une longue souffrance est venue mettre le terme à sa félicité. — Tourmenté depuis plusieurs années par une maladie de vessie à laquelle était venu se joindre un abcès au dos, résultat d'une chute qu'il avait faite au moment de la pose de la statue de Henri IV et qu'il avait malheureusement jugée peu digne d'attention, M. Lemot mourut à Paris le 6 mai 1827, âgé seulement de 53 ans.

Ses obsèques, auxquels assistait une nombreuse députation de l'Institut, eurent lieu le 11 mai. M. Quatremère de Quincy y prononca un discours dans lequel il rappela les excellentes qualités qui rendaient M. Lemot si cher à tous ses collègues, ces dons précieux de la raison, de l'esprit et du cœur, qui sans doute contribuèrent à l'heureux développement des facultés de l'artiste, mais qui devaient faire de lui, et en firent réellement, dans toutes les situations de la vie, dans toutes les positions sociales où il put se trouver, dans tous les rapports où le placèrent, soit les devoirs publics, soit les relations privées, une sorte de modèle où semblaient se réunir un ensemble de mérites si rares à rencontrer partiellement, un sens généralement droit, un caractère égal, un sentiment parfait des convenances, de l'estime pour tout ce qui était honnête et bon, des sentiments élevés et des mœurs simples.

Immédiatement après la cérémonie funèbre, la dépouille mortelle de M. Lemot fut transportée à son beau domaine à Clisson, qu'une ordonnance du Roi avait érigée en baronnie la veille même de la mort du statuaire.

Nous avons dit que M. Lemot, lors de son séjour à Rome, avait obtenu la protection de l'ambassadeur Cacault. De ce moment, une mutuelle estime lia l'un à l'autre, malgré la différence d'âge, ces deux hommes de mérite, et ce fut l'amitié de l'ambassadeur qui, plus tard, attira M. Lemot sur les bords de la Sèvre, lui fit d'abord acheter *la Garenne* (1) et peu après le château de Clisson (2).

Voici ce qu'il disait à ce sujet dans la première édition de sa *Notice sur Clisson* :

« Je m'empressai d'acheter le château » dans l'unique intention de conserver » avec soin ce monument fait pour in-

---

(1) 26 juin 1805.
(2) 17 octobre 1807.

» téresser sous le double rapport de
» l'histoire nationale et de l'art. Elles se-
» ront respectées, du moins tant que je
» vivrai, ces antiques et hautes murail-
» les que des guerres furieuses, des
» siéges opiniâtres et six siècles n'ont
» pu détruire. Je ne ferai point disparaître
» par une honteuse cupidité, cette noble
» enceinte où des héros reçurent le jour,
» que d'illustres personnages habitèrent,
» et qui rappelle enfin tant d'actions
» de vertu, de barbarie et d'héroïsme. »

Il est impossible, sans avoir visité Clisson, de comprendre avec quelle délicatesse de goût M. Lemot y plaça, sans les prodiguer, les monuments de tout genre qui ornent les deux rives de la Sèvre, et comment il rendit à ces lieux, naguère abandonnés, tout le charme des anciens souvenirs. Il serait superflu de rappeler ces embellissements après la description qu'en a donnée Édouard Richer.

M. Lemot avait formé de nombreux projets que sa mort a fait évanouir pour donner un aspect nouveau à des sites enchanteurs. Il disait qu'après la construction de sa maison principale, il voulait employer tous les revenus des propriétés qu'il possédait dans l'arrondissement de Nantes, à l'ornement de son parc. C'était assez prouver l'affection qu'il portait à ce délicieux pays ; aussi répétait-il souvent qu'il ne connaissait que Tivoli, l'ancienne Tibur, qu'on pût comparer à Clisson.

Tels étaient, en effet, les désirs de M. Lemot, même lorsque la mort des frères Cacault, en le privant de ceux qui l'avaient conduit à Clisson, pouvait changer ses intentions. « La mort de ces deux » amis, écrivait-il, n'a pu me faire re» noncer au projet que j'ai formé, de » construire, dans le parc de la Garenne, » une agréable et modeste retraite, où » j'espère, dans quelques années, loin du » tumulte et des distractions de la ca» pitale, me livrer entièrement à l'étude » des beaux-arts, à la méditation et aux » douces jouissances de l'amitié. »

En ornant sa propriété, en conservant les ruines de l'antique demeure du connétable, non seulement M. Lemot enrichissait Clisson en y attirant les étrangers, il savait encore y encourager l'industrie par l'établissement de nouvelles usines sur la Sèvre, y soulager la misère par des travaux bien entendus, et communiquer aux gens riches cette délicatesse de goût qui se révélait surtout dans les constructions. Parliez-vous de M. Lemot à un habitant de Clisson, il vous répondait en faisant son éloge. Il est donc aisé de concevoir avec quelle douleur profonde et générale la nouvelle de sa mort y fut accueillie. — Son corps arriva à Clisson le 19 mai. Les fonctionnaires publics et les principaux habitants qui s'étaient rendus au devant du char funèbre jusqu'à une lieue de la ville, en formaient l'escorte et étaient suivis par toute la population, car elle était allée spontanément à sa rencontre. Bientôt les hommes se pressant autour du cercueil, se disputèrent l'honneur de le porter. Il fut ainsi solennellement conduit jusqu'à la chapelle de Saint-Gilles, que M. Lemot avait édifiée à la mémoire des frères Cacault, et qu'au moment de mourir il avait désigné pour sa propre sépulture, afin de reposer entre ses deux amis. Mais il faudrait transporter le lecteur à Clisson même pour lui donner l'idée de ce nombreux cortége défilant lentement sous les murs du vieux château; puis gravissant à travers les rochers le chemin sinueux qui mène au temple, et là, dominant toute la contrée, un des habitants de Clisson s'approchant de la tombe, au milieu d'un silence religieux, pour rendre un dernier hommage au bienfaiteur du pays, à l'artiste célèbre, en présence même des lieux qu'il avait embellis.

---

# Notice sur Abeilard.

Abeilard naquit au Pallet en 1079. Bérenger, son père, était noble et suivait comme la plupart des gentilshommes de son siècle, la carrière des armes; dominé par une imagination ardente, le jeune Abeilard préféra celle des lettres, qui lui semblait plus paisible; mais qui, pour lui, devait être troublée par tant d'orages.

La seule science connue alors était la dialectique; c'est ainsi qu'on appelait une sorte de métaphysique obscure, qui consistait plus dans l'art d'argumenter que dans celui de raisonner. Abeilard l'étudia à Nantes, sous Roscelin, chef des nominaux. Les dialecticiens de ce siècle se partageaient en deux classes, ou, si l'on veut, en deux sectes, celle des *réalistes*, qui soutenaient que nos pensées sont des choses réelles, distinctes de l'esprit qui les a produites; et celle des nominaux, qui prétendaient que toutes nos impressions ne sont que des *manières d'être* de l'âme, qui se trouve tout entière dans chacune des opérations qu'on lui attribue.

Désirant se produire sur un théâtre plus vaste et plus convenable à son génie, Abeilard abandonna à ses frères l'héritage paternelle et quitta l'école de Roscelin pour celle de Guillaume de Champeaux, qui enseignait la théologie à Paris avec un succès tel qu'on accourait de tous les pays de l'Europe pour l'entendre. Tant de renommée devait s'éclipser devant celle du jeune disciple de Roscelin. Bientôt le public cessa de suivre les leçons du maître pour écouter l'élève. Guillaume de Champeaux, blessé dans son amour propre, obligea ce dangereux concurrent de quitter son école. Celui-ci sûr de ses forces, leva une école rivale et s'établit à Melun, où la Cour s'était fixée. En peu de temps, il devint le docteur à la mode. Les femmes surtout firent la réputation d'un professeur qui joignait les grâces de la figure à tous les dons de l'imagination. La république des lettres gouvernée par la vogue comme tout le reste, ne proclama plus d'autre nom que celui d'Abeilard.

Le Chapitre de Paris, pour récompenser des talents si brillants, lui conféra un canonicat. Parmi les chanoines, il en était un appelé Fulbert, qui élevait chez lui une jeune personne descendue des Montmorency, et aussi distinguée par les charmes de son esprit que par ceux qu'elle tenait de la nature. C'était sa nièce, c'était Héloïse. A dix-sept ans, on la citait déjà comme un prodige de savoir. Il n'en fallait pas tant pour piquer la curiosité du jeune philosophe; il témoigna le désir de la connaître ; Fulbert ne se montra pas moins empressé de procurer à sa nièce un professeur aussi célèbre. Le maître et l'écolière se virent, s'aimèrent et jurèrent de s'aimer toujours. Enhardi par la confiance que lui accordait Fulbert, Abeilard se proposa pour son commensal : l'oncle crédule accepta cette offre, qu'il ne sut pas découvrir pour une ruse de l'amour, et il donna ainsi aux deux amants des occasions plus fréquentes d'entretenir la passion que sa négligence avait allumée.

Instruit enfin par le public de cette passion, que lui seul ignorait, Fulbert chassa de chez lui l'instituteur de sa nièce, mais il n'était plus temps. Héloïse portait dans son sein le fruit d'un amour qu'elle avait ressenti et inspiré. Pour la soustraire aux emportements du chanoine, son amant l'enleva pendant la nuit déguisée en religieuse, et la conduisit au Pallet, où elle mit au monde un fils que sa beauté, suivant les uns, fit nommer Astralable, c'est-à-dire *astre brillant*, ou selon d'autres, Astrolabe, nom d'un instrument d'astronomie, qu'il était bien digne du douzième siècle de donner au fils d'un couple si savant. Cet enfant, si l'on s'en rapporte à quelques auteurs, mourut au berceau ; mais l'opinion la plus vraisemblable est qu'il fut chanoine à Nantes.

Pour effacer l'injure qu'il avait faite à la famille de son amante, Abeilard offrit à Fulbert d'épouser Héloïse. Celui-ci y consentit. Le mariage fut conclu ; mais l'on convint de le tenir secret pour l'intérêt du philosophe. Héloïse elle-même, par un excès d'amour qui ne pouvait provenir que d'une imagination exaltée, préféra le nom d'amante à celui d'épouse. Le public qui continuait à recevoir des leçons d'Abeilard, ne fut pas longtemps à s'apercevoir de ses liaisons avec Héloïse. Pour mettre son honneur à couvert, l'oncle dévoila le secret: les deux amants désespérés le désavouèrent. Fulbert, irrité, s'emporta jusqu'à maltraiter sa nièce. Abeilard prit la défense de son épouse, l'enleva une seconde fois, et la déposa dans l'abbaye d'Argenteuil.

Furieux d'être contredit, craignant aussi que son neveu ne cherchât à renfermer son épouse pour la répudier, Fulbert médita une vengeance cruelle. Des gens, soudoyés par lui, pénétrèrent pendant la nuit dans la chambre d'Abeilard, après avoir corrompu son domestique, et le mutilèrent de la manière la plus barbare et la plus outrageante.

L'époux d'Héloïse trop puni de ses fautes, consacra alors à la religion un cœur qu'il ne pouvait plus offrir à l'amour. Il se retira dans le monastère de Saint-Denis. Héloïse, moins résignée, mais docile aux invitations de son époux, prit le voile à Argenteuil. Ce fut alors que, combattue par son amour et ses devoirs, partagé entre son Dieu et son amant, insensible à l'amitié de ses compagnes, entraînée par une passion irrésistible, contenue par une religion qui n'accorde rien aux passions, elle écrivit ces lettres éloquentes, monument de l'amour le plus tendre, et dont l'imitation brillante de Pope, reproduite par Colardeau, est loin d'avoir retracé l'énergie et la grâce.

Abeilard, cependant, reprit à St-Denis le cours de ses occupations, c'est-à-dire de ses succès; et, cette vie, que l'amour avait rendue si infortunée, fut traversée par les jalousies littéraires. De toutes parts on accourut pour l'entendre : les écoles de Paris étaient désertes. S'il ne fut jamais de triomphe plus complet, il n'en fut pas non plus de si chèrement acheté. Ses rivaux l'accusèrent d'hérésie. Un traité sur la *Trinité*, qu'il venait de composer, fut condamné au concile de Soissons, tenu en 1121. Plus tard, il essaya de démentir l'opinion généralement accréditée que Saint-Denis l'aréopagiste était le fondateur de l'abbaye qui portait son nom. Il n'en fallait pas tant pour le perdre : on saisit cette occasion pour le faire passer pour un ennemi de la religion, et il fut renfermé dans une étroite prison. Ayant trouvé le moyen de s'échapper, il implora la protection du comte de Champagne et alla se confiner dans une solitude, où il éleva un petit oratoire qu'il dédia au Saint-Esprit, sous le nom de *Paraclet*.

Il était dans cet exil, lorsque les moines de Saint-Gildas-de-Rhuis, en Bretagne, se déterminèrent, d'après sa réputation, à le choisir pour leur supérieur. Il se rendit à leurs vœux et quitta sa retraite pour aller administrer une communauté, qu'il tenta inutilement de réformer. Il fut bientôt obligé de quitter ce monastère.

Tandis qu'il se livrait de nouveau à une vie errante, les religieux de Saint-Denis s'emparaient du couvent d'Argenteuil. Héloïse, de son côté, cherchait un refuge où elle put se retirer avec quelques-unes de ses sœurs, chassées comme elle de leur ancienne demeure. Abeilard lui offrit le Paraclet, où lui-même avait trouvé le premier un abri contre le malheur. Des seigneurs de Champagne dotèrent cette abbaye, dont Héloïse fut la première abbesse, et qui acquit un grand renom dans la suite.

Au nombre des ennemis ou plutôt des rivaux d'Abeilard, était un homme plus illustre que lui, plus digne de l'être, et dont l'éloquence était plus entraînante encore, c'était le fameux abbé de Clairvaux, connu depuis sous le nom deSaint-Bernard, et quimérita qu'on ait dit de lui que c'était le dernier père de l'église. Soit qu'il se fût laissé entraîner par les préventions d'autrui, soit que sa piété sévère conservât des doutes sur la religion d'un homme qui avait joué un tel rôle dans le monde, soit que son cœur se fût ouvert à l'envie, ou qu'il eût aperçu dans les écrits de son rival des propositions contraires à la doctrine de l'église, Saint-Bernard fit convoquer un concile à Sens en 1140.

On y condamna les ouvrages de théologie que venait de publier Abeilard. Vainement celui-ci en appela au Pape ; le souverain pontife prévenu par Saint-Bernard, ratifia le jugement du concile de Sens. Abeilard, accablé par tant de coups du sort, se proposait de faire le voyage de Rome pour s'y justifier, lorsque Pierre-le-Vénérable, abbé de Cluny, le recueillit dans son monastère ; il le fit consentir à se rétracter, et le réconcilia avec Saint-Bernard ; ainsi se termina pour cet infortuné une carrière marquée par des torts et des erreurs qu'expièrent tant de malheurs et surtout tant de repentir.

Les deux dernières années de sa vie se passèrent dans l'exercice de la piété la plus sincère. Affaibli par les jeûnes et les austérités du cloître, il expira le 21 avril 1142, à l'âge de 63 ans, dans l'abbaye de Saint-Marcel, près de Châlons-sur-Saône.

Pierre-le-Vénérable enleva furtivement le corps de son ancien ami, et le déposa au Paraclet, entre les mains d'Héloïse, qui lui avait demandé ce dépôt si cher. Celle-ci plaça le cercueil qui renfermait la dépouille de celui qu'elle avait tant aimé, dans une chapelle dépendant du monastère, et qui se nommait le *Petit-Moustier*.

Le tombeau d'Abeilard fut construit de manière qu'une partie était dans la chapelle et l'autre dans le cloître. Héloïse lui survécut de vingt-un ans ; elle mourut le 17 mai 1163, et son corps, conformément à ses dernières volontés, fut enseveli avec celui d'Abeilard, afin que, séparés dans la vie, ces deux époux, le modèle des amants, fussent à jamais réunis dans la tombe.

# NOTES DIVERSES

Parc de la Galissonnière. — Ce parc, situé sur le bord de la route de Nantes à Clisson, à peu de distance du Pallet, renferme encore aujourd'hui des Feviers, des Catalpas, des Sastafras, cinq à six espèces ou variétés de noyers de l'Amérique Septentrionale; des sapins, des assiminiers ou corossols, des ragouminiers, des tulipiers de Virginie, dont un d'environ quatre-vingts pieds de haut formant par la disposition de ses branches une magnifique pyramide. L'un des plus remarquables de ces végétaux étrangers est le magnolia grandiflora. Cet arbre n'est qu'un rejeton de celui qui a été abattu lors de la révolution.

Un grand nombre d'azéroliers, le plaqueminier de Virginie, décorent aussi les alentours du château. Deux cyprès de la Louisiane croissent sur le sommet d'un coteau, à l'extrémité du parc qui avoisine la route de Nantes à Clisson. Ces végétaux, qui préfèrent ordinairement dans leurs patries, le bord des eaux, ne semblent nullement avoir souffert dans le lieu qu'ils occupent. La cime de ces arbres, en raison de la ténuité de leurs feuilles, jouit de la faculté qu'ont tous les arbres verts de rendre un bruit sourd, lors même que le temps paraît le plus calme. Ce bruit peut être comparé à celui que produirait la voix confuse de plusieurs hommes chantant à des distances considérables.

Ces deux végétaux, plantés par M. Barin de la Galissonnière, ne peuvent avoir moins de cent ans aujourd'hui ; ils sont parvenus à une hauteur d'à peu près trente pieds.

Le château était orné et défendu par deux pièces de canons que le Roi Louis XV avait données à son propriétaire, comme récompense à la fois et comme monument durable de la victoire navale qu'il avait remportée.

Maintenant cette demeure, autrefois s magnifique, ne présente plus que des murs calcinés par le feu ; les torches de la guerre civile l'ont réduite en cendres. Elles sont bien atroces, les passions qui accompagnent l'anarchie, puisqu'elles n'ont pas su respecter la propriété d'un illustre défenseur de sa patrie, l'asile de la gloire et de la vertu !

Les succès militaires ne sont pas les seuls titres de l'amiral Barin de la Galissonnière à la gloire et à la reconnaissance de la patrie. Ses vertus sociales ont peut-être été plus utiles à la France que ses victoires.

La Galissonnière eut pour amis deux de ces hommes rares qui honorent tellement une nation que, tout entière, elle s'empresse de les réclamer comme siens, et qui semblent destinés par la providence à éclairer leurs contemporains, à les rendre plus heureux ou à être de grands modèles. Ces hommes furent Du Hamel, et Lamoignon de Malesherbes. Du Hamel né avec le génie de l'agriculture, en fut l'amant passionné, et il consacra son talent à la prospérité de son pays. Malesherbes, né dans un rang élevé, n'eut que le goût des choses grandes et honnêtes. Il était né pour la vertu, et les circonstances terribles dans lesquelles il vécut, lui fournirent l'occasion de l'exercer avec le courage qu'elle seule peut donner. Les liaisons de la Galissonnière avec ces deux hommes suffiraient à sa gloire; car celui qui fut jugé digne d'être l'ami de Malesherbes devait nourrir dans son cœur le feu sacré de la vertu et du patriotisme. Sans cela l'âme de l'un n'aurait pu sympathiser avec celle de l'autre. L'ami de Du Hamel devait avoir le goût et la science de l'agriculture et être zélé pour la prospérité de son pays, et sa conduite a prouvé qu'il en était ainsi. A l'époque où la Galissonnière commandait nos vaisseaux de guerre, la France possédait encore le Canada et la Louisiane, dans l'Amérique Septentrionale, portion du globe où la nature s'est plu à prodiguer les richesses végétales les plus précieuses. Sans doute Du Hamel ne cessait de faire à son ami les questions les plus multipliées sur les végétaux de ce pays et de lui en demander des graines ou du plant; la Galissonnière partageait les goûts de Du Hamel, et ce fut ainsi que les jardins et les champs de la Galissonnière, que les terres de MM. Du Hamel et Lamoignon de Malesberbes furent peuplés de végétaux exotiques. C'est donc à *La Galissonnière que la France doit les premières importations* des arbres de l'Amérique Septentrionale. C'est le succès qu'obtinrent ses premières transplatations qui détermina depuis le Gouvernement de France à envoyer dans ce pays MM. Michaux et Bosc, qui y ont fait des récoltes si nombreuses et si intéressantes. Plus de mille espèces ou variétés d'arbres de première et de seconde grandeur, d'arbrisseaux, d'arbustes et de plantes, venus de ce pays, peuplent en ce moment nos forêts, nos jardins, nos parterres, nos campagnes.

Les Anglais, qui possédaient dans le même continent le Massachusset, la Pensylvanie, la Virginie, etc., en ont aussi importé une grande quantité, mais leurs importations n'ont pas précédé celles de M. de la Galissonnière.

---

Jamais peut-être, dit M. Lemot, la petite ville de Clisson ne se serait entièrement réédifiée, sans une circonstance particulière, qui contribua puissamment à la faire renaître de ses cendres. Un Nantais, Pierre Cacault, passionné pour la peinture, qu'il avait cultivée à Rome pendant un grand nombre d'années, revint à Nantes vers la fin de la guerre vendéenne; les habitants de cette ville n'osaient encore sortir de leurs murs pour visiter leurs propriétés rurales sur la rive gauche de la Loire, lorsque cet artiste, qui avait entendu parler des beaux sites de la Sèvre, se hasarda seul à pénétrer dans le bocage. Arrivé à Clisson, au lieu de trouver une ville peuplée et florissante, il ne vit qu'un amas de décombres au milieu d'un désert ; il ne rencontra pas un seul habitant qui pût le guider, pas un toit qui pût lui servir d'asile ; le silence des tombeaux régnait partout ; de tous côtés, les traces hideuses de l'incendie et de la destruction frappèrent ses regards; il parcourut avec effroi cette ville abandonnée et cet immense château dont les reptiles et les oiseaux de proie se disputaient les obscurs et derniers débris. Cependant, ces vestiges sanglants et ces ruines encore fumantes ne purent affaiblir la vive impression que fit sur son esprit ce paysage admirable, et il fut si frappé de la beauté des sites, de ces rochers, de ces cascades, et même de ces ruines, qu'il prit sur-le-champ la résolution d'habiter ce séjour plein de charme et d'horreur. Les dissensions qui avaient déchiré ce malheureux département n'étaient pas alors entièrement étouffées et pouvaient se rallumer au moindre souffle ; les routes étaient peu sûres et les excursions dans la campagne fort dangereuses ; mais rien ne put détourner M. Cacault de son dessein. Il choisit pour sa retraite une maison ruinée, dont les points de vue lui parurent ravissants ; il acheta cette propriété, et vint s'y établir en 1798. En effet, un grand nombre d'habitants, encouragés par cet exemple, rentrèrent dans leurs foyers et en relevèrent les ruines. Plus de la moitié de la ville est actuellement rétablie.

(*Notice historique sur la ville et le château de Clisson.*)

---

La plus grande partie des femmes de campagne des environs de Clisson n'ont d'autres occupations, d'autre ornement, que le fuseau. Elles filent peu au rouet. Dès que la récolte, les sarclages ou les embarras domestiques n'exigent pas leurs soins, toutes, depuis l'enfance jusqu'à la vieillesse, sont armées d'une quenouille, dans la maison, hors de la maison, pendant la saison morte et les longues soirées d'hiver, quand elles promènent ou gardent les troupeaux. Lorsqu'elles ne font pas travailler leur fil, elles le vendent aux marchés ruraux ou aux marchés de Nantes.

Toutes les denrées sont, dans ce pays, extrêmement abondantes et à bon marché ; une famille bourgeoise peut y vivre très-honorablement avec 1500 fr. et 2000 fr. de revenu.

---

Clisson, dit M^me de la Rochejacquelein, est situé dans cette partie du pays qu'on nomme *le Bocage*. Cette contrée diffère, par son aspect, et plus encore par les mœurs de ses habitants, de la plupart des provinces de France. *Le Bocage,* comme l'indique son nom, est couvert d'arbres; on y voit peu de grandes forêts, mais chaque champ, chaque prairie est entourée d'une haie vive qui s'appuie sur des arbres plantés irrégulièrement et fort rapprochés; ils n'ont point un tronc élevé, ni de vastes rameaux; tous les cinq ans, on coupe leurs branchages, et on laisse nue une tige de 12 ou 15 pieds. Ces enceintes ne renferment jamais un grand espace. Le terrain est fort divisé; il est peu fertile en grains; souvent des champs assez étendus restent longtemps incultes; ils se couvrent alors de grands genêts ou d'ajoncs épineux; toutes les vallées et même les dernières pentes des coteaux sont couvertes de prairies. Vue d'un point élevé, la contrée paraît toute verte; seulement, au temps des moissons, des carreaux jaunes se montrent de distance en distance entre les haies. Quelquefois les arbres laissent voir le toit aplati couvert de tuiles rouges de quelques bâtiments, ou la pointe d'un clocher qui s'élève au-dessus des branches. Presque toujours cet horizon de verdure est très-borné ; quelquefois il s'étend à trois ou quatre lieues.... Les chemins du *Bocage* sont tous comme creusés entre deux haies ; ils sont étroits, et quelquefois les arbres, joignant leurs branches, les couvrent d'une espèce de berceau ; ils sont bourbeux en hiver et raboteux en été. Souvent, quand ils suivent le penchant d'une colline, ils servent en même temps de lit à un ruisseau ; ailleurs ils sont taillés dans le rocher et gravissent les hauteurs par des degrés irréguliers : tous ces chemins offrent un aspect du même genre. Au bout de chaque champ, on trouve un carrefour qui laisse le voyageur dans l'incertitude sur la direction qu'il doit prendre, et que rien ne peut lui indiquer. Les habitants eux-mêmes s'égarent fréquemment, lorqu'ils veulent aller à deux ou trois lieues de leur séjour! Le territoire est divisé en métairies : chacune renferme un ménage et quelques valets. La vente des bestiaux forme le principal revenu ; et c'est surtout à les soigner que s'occupent les métayers..... Les habitants du Bocage sont doux, pieux, hospitaliers, charitables, pleins de courage et de gaîté; les mœurs y sont pures; ils ont beaucoup de probité.

Jamais on n'y entend parler d'un crime, rarement d'un procès.

(*Extrait des mémoires de Mme la marquise de la Rochejacquelein.*)

---

Le nom de la rivière de la Moine, suivant La Tour-d'Auvergne, vient du celtique *Moène,* qui signifie *étroit.*

---

Voici des vers de M. Antoine Peccot, pour le tombeau des frères Cacault.

De deux amis des arts tu vois ici la tombe.
Contre les coups du sort inutile secours,
Leurs vertus, leurs talents, n'ont pu sauver leurs
[jours.
Hélas, sous le destin il faut que tout succombe;
Mais, tant qu'ils ont vécu, leurs prodigues bienfaits
Ont orné le pays où leur cendre repose,
Et le nom de Cacault n'y périra jamais.
Homme, ah! puisque de toi la mort ainsi dispose,
De ta pénible vie embellis le sentier!
    Que la bienfaisance ou la gloire
    T'assure une longue mémoire,
Et t'empêche du moins de mourir tout entier.

---

Dans un discours prononcé à la Société des sciences et des arts du département de la Loire-Inférieure, M. Huet s'exprimait ainsi:

« Il faut être au milieu des merveilles et des beautés de la nature, pour les apercevoir, les sentir, les produire et les peindre à l'œil ou à l'imagination.

» Combien de fois n'ai-je pas entendu dire à un de nos collègues (1) que ses occupations retiennent à Paris, les poètes, les artistes devraient chaque année visiter les environs de Clisson. Dans ces lieux enchanteurs, et sans s'expatrier, ils trouveraient rassemblé, distribué par des hasards heureux, tout ce qu'on va chercher en Suisse et en Italie.

» Là, sur les bords de la Sèvre, parmi les torrents, les cascades, les rochers, nos riches coteaux, nos fraîches vallées et leurs vastes ombrages, qui ne serait poète, artiste, ou qui ne voudrait l'être dans ces galeries sans faste, où le goût des arts a réuni tant de marbres et tant de tableaux au milieu de cette nature si belle, si féconde, et qui se révèle sous des formes si variées à la méditation, à l'enthousiasme, à la mélancolie! Qui pourrait voir sans émotion les lieux où le berceau d'Abeilard reçut les larmes d'Héloïse et le fruit de ses tristes amours; les bois plantés par les mains victorieu-

(1) M. Lemot.

ses de la Galissonnière; les ruines majestueuses que les siècles et les guerres ont respectées, et que notre collègue conserve pour l'honneur du pays! Ruines que rendent sacrées les noms de Clisson, de Duguesclin, ces héros, nos ancêtres, qui, les premiers, délivrèrent la France du joug des Anglais. »

---

Un magnifique viaduc de 15 arches a été construit en 1841 sur la Moine, par M. Jégou, Ingénieur en chef des Ponts et Chaussées.

Ce viaduc a, dans certaines parties, près de 20 mètres de hauteur.

---

Sous des touffes de lierre et de plantes sauvages qui tapissent les murailles féodales du château de Clisson, on aperçoit une grande quantité d'inscriptions et de vers. La plupart, fort anciens et d'une écriture gothique, sont des lais et des ballades inspirés par l'amour ou en l'honneur de la chevalerie ; les autres, plus modernes, ont été dictés par l'enthousiasme que la vue de ces ruines a fait éprouver aux curieux qui les ont visitées. Nous rapporterons seulement les suivants, ils sont de Cerutti.

J'ai gravi, mesuré ces ruines sublimes;
Mon cœur s'en est ému de nos vaillants aïeux
Tout y représentait les tournois magnanimes,
Ils semblaient reparaître et combattre à mes yeux;
J'entendais sous leurs coups retentir les abîmes;
Juge de leurs combats, idole de leur cœur,
Du haut des tours la dame admirait le vainqueur.
Casques et boucliers, cuirasses gigantesques,
Cris d'armes, mots d'amours, devises de l'honneur,
Cartels pour l'infidèle ou pour le suborneur,
Tout garde sur ces murs vraiment chevaleresques
La mémoire d'un siècle où l'épée, où la foi,
Où la galanterie étaient la seule loi.

Avant la révolution on apercevait de fort loin la flèche d'une des tours du château qui s'élevait à plus de 160 pieds au-dessus du niveau de la Sèvre.

Le plan, l'élévation et les détails de cette forteresse ont complètement le caractère de l'architecture moresque dans toute sa pureté. M. Cassas, peintre distingué, célèbre par ses belles aquarelles, dont plusieurs représentant des vues de la Grèce, appartiennent à M. le comte de Brosses, a remarqué que la forme des créneaux et des machicoulis était parfaitement semblable à ceux du château de Césarée, dans la Palestine, vulgairement appelé *la tour des Pèlerins,* qu'il a vu et dessiné. Ce n'est point à un goût plus épuré dans les arts, ce qui n'est jamais que l'effet des progrès de la civilisation, que l'on dut, dans ces siècles barbares, cette innovation subite et extraordinaire dans l'architecture de ces habitations féodales, mais bien à un noble sentiment d'orgueil. Les chevaliers croisés de retour dans leur patrie, voulurent, sans doute, transmettre à leurs descendants les glorieux souvenirs de leurs faits d'armes, en construisant leurs forteresses à l'imitation de celles que leur valeur avait enlevées aux infidèles dans l'Orient; et c'est à cette époque qu'il faut faire remonter l'usage de placer des croix au milieu des ouvertures qui recevaient le jour; ce qui fit ensuite donner le nom de croisées à ces ouvertures.

On a trouvé, il y a quelques années, en déblayant une partie des ruines du château de Clisson, beaucoup de boulets et des armures de cette époque, ainsi qu'une grande quantité de pelles et de pioches provenant de l'armée de Mayence.

On appelait ainsi cette armée, parce qu'elle venait de la ville de Mayence dont elle avait formé la garnison pendant le siége qu'en firent, en 1793, les armées combinées de Prusse et d'Autriche.

(*Notice historique sur Clisson.*)

Les principales communes comprises dans *les Marches* de la Bretagne et du Poitou étaient Paulx, la Trinité de Machecoul, le bois de Cené, Boin, Retail, Gétigné, Cugan, Boussai, la Bruffière, Legé, la Garnache, Saint-Colombin, etc.

« Honorius, l'un des enfants de Théodose, qui avait reçu l'Occident pour son partage, et qui avait fixé son séjour à Poitiers, établit des troupes romaines sur la rive gauche de la Loire, dans les villes situées entre l'Armorique et l'Aquitaine. Ces troupes placées sur les frontières, autrement appelées *Marches*, et destinées à s'opposer aux irruptions du nouveau peuple armoricain, reçurent des priviléges et des exemptions, comme toutes les légions romaines distribuées sur les frontières de l'empire. Ces priviléges se sont conservés chez les habitants des *Marches* communes de l'Anjou, de la Bretagne et du Poitou, jusqu'à la révolution française.

(*Histoire de Bretagne, par Ed. Richer, page* 19).

---

La construction de l'ancien Musée établi par M. Cacault fut commencée en 1799 et achevée en 1804 : il est bâti sur une colline, au bord de la Sèvre, non loin d'une des plus belles chutes d'eau de cette agréable rivière. C'est un vaste bâtiment carré et isolé. Le rez-de-chaussée, composé d'une galerie et de plusieurs salles, contenait des morceaux de sculpture en différentes matières, des statues, des bas-reliefs, des vases, des cippes, des cheminées et des tables en marbres rares et précieux, décorées de très-belles mosaïques, et la collection en plâtre des principales statues antiques et des meilleurs ouvrages de nos sculpteurs modernes, entre autres de Canova et de Julien. Au premier étage, deux grandes galeries parallèles et neuf salons renfermaient plus de 1200 tableaux. M. Cacault en perdit presque un aussi grand nombre, qu'il avait fait embarquer en Italie sur un vaisseau dont les Anglais s'emparèrent. Ces tableaux furent vendus à Londres en 1805. La collection de gravures, une des plus nombreuses et des plus complètes que l'on connaisse, était composée de 164 volumes grand in-folio, contenant 10,646 estampes classées par ordre d'école et de maître, et parmi lesquelles on trouvait des Marc-Antoine, de Lucas de Leyde et des Rembrandt fort rares et d'une grande pureté.

Voici comment s'est exprimé sur ce

musée l'auteur de la *Statistique de la Loire-Inférieure :*

« La commune de Clisson possède la plus riche collection de tableaux qui existe hors de la capitale. Elle appartient à M. Cacault, ambassadeur de France à Rome. C'est sur les bords de la Sèvre, où la nature est si belle et si riche, qu'est placé ce musée.

» La plupart des voyageurs, qui s'y rendent en foule, demandent, en entrant dans la ville, où est le palais. On s'attend à traverser des portiques de marbre et des vestibules richement décorés : il n'en est pas ainsi ; il faut quitter la ville, parcourir des sentiers sinueux et délicieusement ombragés, à travers les rochers que tapissent le lierre et la vigne sauvage ; tantôt on côtoie la Sèvre sur des prairies couvertes de troupeaux; tantôt on la voit rouler en torrent sous ses pieds, franchir en écumant les obstacles qu'elle rencontre, ou s'élancer en jets brillants, ou s'étendre en nappes transparentes, ou, asservie aux usages de l'homme, s'échapper en mugissant des entraves qu'on lui donne. Des rivières, des prairies, des bois, des montagnes, tels sont les portiques du musée de M. Cacault. On dirait qu'à la manière des anciens, il a voulu rendre sensibles les préceptes de l'imitation et rappeler aux arts qu'ils ne peuvent produire rien de beau, rien de grand, quand ils s'écartent de la nature; que c'est d'elle qu'ils tiennent leur charme et tout leur pouvoir.

» On est admis tous les jours, à toute heure. Quand on parcourt ces galeries décorées sans faste, quand on voit ces chefs-d'œuvre de toutes les écoles distribués sans luxe inutile sous les toits qui n'insultent point aux chaumières, on admire l'homme de goût qui a, pour ainsi dire, mis en opposition les prodiges de l'art et les merveilles de la nature, en choisissant un angle de terre qui ne le cède en rien aux sites les plus renommés de la Suisse et de l'Italie; on admire l'homme de génie, qui, avec des moyens bornés, sans dépenses excessives, au milieu de fonctions importantes et laborieuses, a trouvé, par une persévérance de vingt années, le moyen de se créer une collection immense et choisie que l'impatience ne parviendrait pas à former avec d'immenses trésors; on admire le citoyen qui voue ce qu'il possède aux jouissances et à l'utilité du public, et qui fait un aussi grand sacrifice sans ostentation, avec cette modestie, vertu particulière de nos climats, qui nuit à la célébrité, mais qui justifie la reconnaissance et suffit au bonheur.

Comme nous l'avons dit plus haut, dans le courant de cet ouvage, tous les objets d'art renfermés dans ce Musée ont été acquis par la ville de Nantes, en 1810.

---

« Ce qui rend le pays clissonnais à jamais célèbre, a dit un de nos écrivains bretons (M. Huet), c'est la profusion avec laquelle la nature s'est plu à y réunir des beautés de tous genres, beautés qui sont aussi de tous les siècles, de tous les âges, de tous les goûts ; auxquelles personne ne peut être insensible ; auxquelles, depuis le Poussin, aucun artiste ne peut s'empêcher de venir rendre hommage.

» Il est, en effet, probable que le Poussin, qui a peint plusieurs vues de Nantes, avait soigneusement étudié les sites de Clisson ; on les retrouve du moins dans la plupart de ses compositions. Le paysage de son tableau de Diogène brisant sa tasse, est une vue exacte du château de Clisson; c'est une remarque de M. Lemot, et cet académicien, qui a longtemps habité l'Italie, ne trouve que Tivoli, l'ancienne Tibur, qu'on puisse comparer au pays clissonnais.

» Ce sont ici, comme dans les Apennins, des coteaux ombragés ou couverts de vignes, de fraîches vallées, des retraites solitaires , des rivières , des ruisseaux , des cascades, des lacs, des grottes, des rochers, le chêne étalant le luxe de son feuillage, le peuplier s'élançant dans les airs, des fabriques isolées au milieu des vallons ou groupées en amphithéâtre sur les collines parmi des masses de verdure. Chaque site , chaque instant varient les effets de lumière ; chaque pas offre de nouveaux points de vue et des accidents pittoresques de différents genres. C'est un vaste tableau dont toutes les parties sont harmonieusement liées , et dont chaque partie peut s'isoler pour former plusieurs tableaux.

» Les poètes anciens ont chanté les charmes de Tibur ; Clisson mérite les mêmes éloges et peut-être les mêmes reproches, puisque tout ce qu'il a d'enchanteur et de salutaire n'a pu prolonger les jours des frères Cacault.... *Hélas ! aucun lieu sur la terre n'offre un asile contre la mort, et la Sardaigne est au milieu de Tibur pour celui dont l'heure fatale approche.*

» *Nullo fata loco posis excludere; dum*

*mors venerit, in medio Tibure Sardania est.* »

Comme M. Lemot, le célèbre peintre David a comparé Clisson à Tivoli.

---

Des voitures partent actuellement, tous les matins de Nantes pour Clisson, ce qui permet aux voyageurs de visiter la ville et d'être de retour dans la même journée

---

# Fabrication du papier à Clisson.

Du vieux linge mis au rebut forme la matière du papier : on lui donne le nom de *chiffons*.

Des femmes qu'on appelle *Salcronnes*, sont chargées du soin de diviser les chiffons en trois lots : les *fins* pour la première qualité, les *moyens* ou le *triage* pour le papier ordinaire, et le *gros* ou *bulle* pour le gros papier.

Les *chiffons* ou *chiffes* sont transportées dans la salle du triage au *pourrissoir*, où on les entasse par qualité, puis on jette de l'eau dessus pendant plusieurs jours, et on les retourne à différentes fois pour faciliter la fermentation. Cette opération dure plus ou moins de temps, selon la qualité du linge. On coupe ensuite par tranches les tas de chiffons pourris, on les lave et on les dépose dans de grandes auges de bois, où un courant d'eau claire est établi ; le linge pourri est alors réduit en pâte au moyen de pilons mis en mouvement par un moulin à eau.

On emploie, pour mieux broyer les chiffons, un cylindre d'un mécanisme extrêmement ingénieux.

Lorsque la pâte est suffisamment affinée, un ouvrier en prend la quantité nécessaire pour le travail d'une cuve. Cette cuve, cerclée en fer, a sa partie supérieure environnée d'une espèce de table, appelée *le tour de cuve*, et offre au devant une large échancrure où l'ouvrier se place. Là il mêle avec la pâte une quantité plus ou moins considérable d'eau, suivant la force du papier qu'il doit faire. L'eau est tenue à une chaleur modérée.

L'ouvrier prend une *forme*, espèce de châssis garni de fils de laiton très-serrés: il la tient à deux mains par les extrémités. L'inclinant un peu vers lui, il la charge de cette matière liquide et la relève aussitôt horizontalement. Le superflu s'écoule au même instant de tous côtés, mais le contour et l'épaisseur d'un cadre qui recouvre le premier châssis en retiennent une quantité suffisante. L'ouvrier étend cette pâte en secouant doucement de droite à gauche et de gauche à droite, comme s'il voulait tamiser, jusqu'à ce qu'elle soit répandue également sur toute la surface de la forme ; par un autre mouvement qui se fait en l'avançant et la reculant horizontalement d'avant en arrière et d'arrière en avant, la matière se serre, s'unit, se perfectionne. Ces deux mouvements sont accompagnés d'une légère secousse qui sert à enverger la feuille, c'est-à-dire à la fixer et à l'arrêter. Aussitôt cette matière si fluide, qui ne paraissait que comme une eau trouble, commence à devenir compacte, et ses petites parties s'accrochent, s'unissent ; la feuille se précipite sur le grillage de laiton, tandis que l'eau passe au travers des intervalles, et il reste sur la forme une véritable feuille de papier.

Un autre ouvrier, car ils sont deux à chaque cuve, prend de suite la forme et la renverse sur un morceau d'étoffe , fabriqué pour cet usage d'une laine assez longue et douce, que l'on appelle *feutre*, et qui est posé lui-même sur un ais ou planche.

Tout cela se fait avec une telle promptitude qu'on forme plusieurs feuilles dans une minute.

Alternativement, les deux ouvriers se passent leurs formes: l'un fait toujours les feuilles , l'autre les place les unes sur les autres , en les séparant par des feutres. Lorsqu'il y en a un certain nombre, il les recouvre avec un ais. Placé alors sous une presse, cet amas de feuilles de papier est mis en compression par plusieurs hommes, qui, à l'aide d'un tourniquet, en font égoutter l'eau. On desserre la presse ; un ouvrier détache les feuilles de dessus les *feutres*, on les met encore entre deux ais, puis on les presse de nouveau pour exprimer le peu d'eau qui pouvait y rester.

Ces feuilles sont alors données, dans les salles des étendoirs, aux *saleronnes* qui les séparent et les étendent par poignées de sept à huit, plus ou moins, selon la dimension du papier.

Lorsque le papier a ainsi été séché au moyen des courants d'air établis dans ces salles, on le porte dans les magasins où après avoir été pressé encore par grandes piles, il est livré aux saleronnes qui plient les feuilles et les réunissent par mains, par rames et par balles.

Le papier, formé par toutes ces opérations, supporterait l'impression, mais non l'écriture. C'est pour le rendre propre à cette dernière destination qu'avant de le mettre en main, on procède à une autre opération, appelée *le collage*.

On fait cuire à petit feu, dans une

chaudière, une colle composée de morceaux ou rognures de cuirs, oreilles, collets, pieds et autres menuisailles de toutes sortes d'animaux, excepté le cochon. Quand on la juge cuite à un degré convenable, on la passe dans une toile médiocrement serrée et on y mêle de l'eau selon son plus ou moins de consistance. On verse alors dans une chaudière, sous laquelle il y a du feu, une moitié d'eau pure et une moitié d'eau de colle, et on y ajoute une quantité suffisante d'alun, qui sert à faire tenir la colle sur le papier, et quelquefois un peu de couperosse ou de vitriol vert ou blanc, pour lui donner de la couleur.

L'ouvrier prend une quantité suffisante de feuilles pour leur faire subir en même temps le collage, et, à l'aide de petites palettes fort minces, il plonge toute sa poignée dans la colle et la retire aussitôt. Il la place alors sous une presse où, après en avoir réuni une douzaine de semblables, il serre faiblement et peu-à-peu.

Lorsque le collage d'une *cuite* est terminé, on porte encore une fois le papier aux étendoirs, et l'on termine comme nous l'avons dit plus haut pour le papier non collé.

Si l'on résumait toutes les opérations à l'aide desquelles on fabrique le papier, on verrait qu'une seule feuille passe plus de trente fois entre les mains des ouvriers.

---

# TABLE.

www.ingramcontent.com/pod-product-compliance
Ingram Content Group UK Ltd.
Pitfield, Milton Keynes, MK11 3LW, UK
UKHW022107190726
13855UKWH00002B/690

9 782013 042550